Survival Kit for an Equity Analyst
The Essentials You Must Know

证券分析师
生存指南

[日] 堀江信 (Shin Horie) ——— 著

刘寅龙　许林阔 ——— 译

机械工业出版社
CHINA MACHINE PRESS

《证券分析师生存指南》以叙述的形式,介绍了高盛分析师堀江信的故事和职业经验,为读者提供了一扇了解股票分析师世界的窗户。这本书总结了堀江信数十年的分析师职业经验,解释了为什么即使行业形势不断变化,在工作中取得成功的要素仍然不变,股票分析的挑战也永远不会过时。本书既不是一本金融理论书,也不是一本商业教科书,而是指导股票分析师在工作中脱颖而出的生存/实用指南,同时也提供了如何发现、分析、预测和评估上市公司的专家建议。

Survival Kit for an Equity Analyst:The Essentials You Must Know
By Shin Horie.

Copyright © 2022 by John Wiley & Sons, Ltd. All rights reserved.

This translation published under license. Authorized translation from the English language edition, entitled *Survival Kit for an Equity Analyst:The Essentials You Must Know*, ISBN 978-1-119-82244-8, by Shin Horie, Published by John Wiley & Sons. No part of this book may be reproduced in any form without the written permission of the original copyrights holder.

This edition is authorized for sale in the world.
此版本经授权在全球范围内销售。
北京市版权局著作权合同登记　图字:01-2022-4622号。

图书在版编目(CIP)数据

证券分析师生存指南 / (日) 堀江信著;刘寅龙,许林阔译. —北京:机械工业出版社,2023.8
书名原文:Survival Kit for an Equity Analyst:The Essentials You Must Know
ISBN 978-7-111-73378-2

Ⅰ.①证… Ⅱ.①堀… ②刘… ③许… Ⅲ.①证券投资 Ⅳ.①F830.91

中国国家版本馆 CIP 数据核字(2023)第 109586 号

机械工业出版社(北京市百万庄大街22号　邮政编码100037)
策划编辑:李新妞　　　　　责任编辑:李新妞
责任校对:龚思文　张　薇　责任印制:李　昂
河北宝昌佳彩印刷有限公司印刷
2023年9月第1版第1次印刷
169mm×239mm・11.75印张・1插页・132千字
标准书号:ISBN 978-7-111-73378-2
定价:79.00元

电话服务　　　　　　　　　网络服务
客服电话:010-88361066　　机　工　官　网:www.cmpbook.com
　　　　　010-88379833　　机　工　官　博:weibo.com/cmp1952
　　　　　010-68326294　　金　书　网:www.golden-book.com
封底无防伪标均为盗版　　　机工教育服务网:www.cmpedu.com

谨以此书献给真纪子、和香与花。

序 言 Preface

创作此书的目的

证券分析师到底是做什么的？对金融行业不太熟悉的父母曾向我提过这样的问题。我告诉他们："证券分析师希望能预测一家公司的未来。"这个回答貌似简单，但恰恰概括了证券分析师的职业内涵。在我看来，这也是证券分析师责无旁贷的义务。

谈古论今并不困难，但畅想未来就没有那么轻松愉快了，毕竟，没有人喜欢不确定性，也没有人喜欢在别人面前犯错误，正因为如此，合理预测一家公司的未来才具有不可想象的重要价值。为此，分析师需要在很多方面开展大量的研究和调查。本书的目标，就是为证券分析师提供大量有价值的实用技能和工具，帮助他们（尤其是刚入门的分析师）驾驭复杂的研究过程。

资料来源：高盛全球投资研究部（Goldman Sachs Global Investment Research）。

序 言

本书以公司分析为主，因此，它既不是金融理论书，也不是商业教科书。它的目标就是帮助股票研究分析师尽快了解证券分析这个行业，为他们尽快学会这个行业的生存和发展技能提供实用指南。因此，书中提到的"我们"或是"你"等诸多人称，其实均指向刚入门的证券分析师。为此，本书详细介绍了如何发现、分析、预测和评估上市公司的基本步骤和具体操作。总而言之，本书体现了如下四个特点。

- 第一，本书只讨论针对上市公司进行的分析和估值，而非直接探讨股票投资。当然，分析最终还是要服务于投资决策。我之所以选择这个关注点，是因为在充分了解公司的基本价值之前，很多人习惯于只看股价走势，这就把价值与股价混淆了，因为公司的基本价值显然不完全等同于股价。

- 第二，本书并不涉及会计和财务分析的基础理论。因为关于这些主题的书籍早已多如牛毛，而且大多数读者已对此进行过深入研究。因此，本书旨在为证券分析师如何在公司分析实务中使用这些指标提供建议和指南。

- 第三，由于特征、增长前景和估值方法因行业而异，因此，本书对某些特定行业进行了针对性分析，以便于读者把本书内容直接应用于自己的分析实务当中。

- 第四，基于个人的职业背景和实战经验，本书中介绍的方法会尽可能适用于全球股票市场。因此，本书的很多内容与新兴市场的分析师密切相关。

前言 Foreword

如何进行公司分析

在对一家公司进行分析和评估时，最理想的起点并不是把这家公司的财务报表整理成电子表格。要全面深入地了解一家公司，我们需要做的是：从深入分析这家公司的所在行业入手；在全球背景下认识这个行业，并充分了解它的竞争对手。在此基础上，我们需要对行业进行5~10年的预期。在这个过程中，除调查相关数据之外，还需要与某些行业专家交流，包括公司的供应商和客户，在某些情况下甚至还包括监管机构的人员或专业科技人员。然后，我们需要详细了解目标公司本身，具体而言，就是这家公司的历史沿革、管理机制、股东结构、公司文化以及竞争护城河——它们构成了目标公司的"个性"因素。

在了解目标公司个性因素的过程中，我们需要对高管层和主要业务负责人进行全面深入的访谈。到工厂和店面进行实地参观调查，在矿权资产及项目所在地进行现场评估，也是这个过程的一个关键部分。在这些定性要素准备就绪之后，我们便可把自己的洞见与盈利预测结合起来。这些预测不可能只是历史增长率和利润率的线性延伸；相反，非线性化增长才是公司分析的理性预期。只有这样，我们才能对公司进行合理估值。在这个阶段，我们需要基于财务数据来充分考虑市场价格的影响。根据业务的性质，我们可能需要采取不同类型的估值方法。这个过程与其说是一门科学，不如说是一门艺术，因此，我们需要灵活性与创造性——我们的目标是基本的正确，而非错误的精确。在此基础上，我们可衡量自己的观点是否符合市场共识。如果两者差异过大，我们就需要识别和明确差异所在，以及造成差异的原因是什么。

本书的结构

- **第一部分：过往的教诲：我的故事**
- **第二部分：夯实基础**
- 第一章：介绍预测行业潜在市场增长率的六个基本步骤，而后讨论有助于确定行业"特征"的十个附加标准。
- 第二章：针对不同行业"收益驱动因素"提供基本操作指南。
- 第三章：提供识别公司"个性"的基本知识。
- **第三部分：分析与调查结果的应用**
- 第四章：讨论如何将现有知识与洞见相结合进行财务预测。
- 第五章：说明如何使用记分卡汇总和运用已知信息与预测信息。
- 第六章：为分析师根据基本面信息对不同行业的公司进行估值提供基本框架。
- 第七章：为分析师了解不同观点及市场预期提供基本框架。
- **第四部分：如何确定研究对象以及如何进行分析**
- 第八章：针对如何创造令人期待的新观点提供建议。
- 第九章：讨论破坏者、新兴市场、环境、社会、公司治理以及经济衰退等具体要素。
- 第十章：针对为分析赋能的软技能提出建议。
- **第五部分：回顾与总结**

通过阅读本书，读者将对公司研究过程有全面详细的认识。但作为作者，我更希望每一个初级分析师都把这本书放在自己的办公桌上，并在研究过程中遇到问题时，随时拿起本书寻找灵感，在本书中找到有用的信息，帮助自己解决问题。

在本书中，我刻意避免使用具体的公司名称和行业数据，因为我想讨论的是研究方法与过程，而不是针对具体行业或公司的看法。但本书采用的所有示例均为笔者在实务中遇到的真实案例。

虽然这本书主要是为研究上市公司的证券分析师而写的，但如果私人股本投资者和企业战略管理人员也发现本书的某些部分有用，我会很高兴。

在探讨关于公司分析的方法之前，我想首先从自己担任证券分析师的经历开始，其中包含很多针对具体问题的真实案例，这些问题也是我们在后面章节中讨论的主题。但是，如果您想马上获得有实用价值的建议，可以直接浏览第一章，而后再看看我的经历。

缩略词列表

1P：第一方关系

3P：第三方关系

ABS：丙烯腈、丁二烯、苯乙烯

ADR：美国存托凭证

AI：人工智能

AP：应付账款

AR：应收账款

ARPU：每个用户的平均收入

B2B：企业对企业

CAC：获客成本

CAGR：复合年增长率

CAMEL：资本、资产质量、管理、收益及流动性

CEO：首席执行官

CFO：首席财务官

CMO：合同制造组织

CMOS：互补金属氧化物半导体

CNC：计算机数控

COGS：销货成本

CPU：中央处理器

CROCI：投资资本的现金收益率

DACF：债务调整后的现金流

DCF：贴现现金流

DDM：股息贴现模型

DeFi：分散式金融

DM：发达市场

DRAM：动态随机存取存储器

EBIT：息税前利润

EBITDA：息税、折旧及摊销前利润

EM：新兴市场

EPS：每股收益

ESG：环境、社会和公司治理

ESOP：员工持股计划

EU：欧盟

EV：企业价值

FCF：自由现金流

Fintech：金融科技

GAAP：美国通用会计准则

GCI：总现金投资

GDP：国内生产总值

GMV：营业额，商品交易总额

GPU：图形处理单元

GTV：总交易金额

IaaS：基础设施即服务

IAS：国际会计准则

IPO：首次公开募股

ITPC：国际贸易伙伴大会

KOL：关键意见领袖

LCD：液晶显示器

LiDAR：光探测与测距

LnG：液化天然气

LTV：生命周期价值、客户终生价值

M&A：并购

MAU：月活跃用户

MLCC：多层陶瓷电容器

NAV：资产净值

NFT：非同质化通证或非同质化代币

OLED：有机发光二极管

P&C：财产和意外险

PB：市净率

PE：市盈率

P/PPOP：股价/拨备前利润

PaaS：平台即服务

PEG：价格收益与增长之比

PET：聚对苯二甲酸乙二醇酯

PVC：聚氯乙烯

R&D：研发

REIT：房地产投资信托基金

ROE：净资产收益率

ROIC：投资回报率

SaaS：软件即服务

SEMI：国际半导体设备和材料协会

SiC：碳化硅

SKU：库存单位

SNS：社交网络服务

SOTP：部分加总法

SPE：半导体生产设备

SVOD：订阅视频点播

TAM：可用市场总量，潜在市场

VR：虚拟现实

WACC：加权平均资本成本

关于注册估值分析师（CVA）认证考试

考试简介

注册估值分析师（Chartered Valuation Analyst，以下简称CVA）认证考试由注册估值分析师协会组织考核并提供资质认证，旨在提高投融资及并购估值领域从业人员的专业分析与操作技能。CVA认证考试从专业实务及实际估值建模等专业知识和岗位技能方面进行考核，主要涉及企业价值评估及项目投资决策（包括PPP项目投资）。CVA认证考试分为实务基础知识和Excel案例建模两个科目，内容包括会计与财务分析、公司金融、企业估值方法、并购分析、项目投资决策、私募股权投资、Excel估值建模共七个部分。考生可通过针对各科重点、难点内容的专题学习，掌握中外机构普遍使用的财务分析和企业估值方法，演练企业财务预测与估值建模、项目投资决策建模、私募股权投资、上市公司估值建模、并购与股权投资估值建模等实际分析操作案例，快速掌握投资估值基础知识和高效规范的建模技巧。

实务基础知识科目——专业综合知识考试，主要考查投融资、并购估值领域的理论和实践知识及岗位综合能力，考查范围包括会计与财务分析、公司金融与财务管理、企业估值方法、并购分析、项目投资决策、私募股权、信用分析。本科目由120道单项选择题组成，考试时长为3小时。

Excel 案例建模科目——财务估值建模与分析考试，要求考生根据实际案例中的企业历史财务数据和假设条件，运用 Excel 搭建出标准、可靠、实用、高效的财务模型，完成企业未来财务报表预测、企业估值和相应的敏感性分析。本科目为 Excel 财务建模形式，考试时长为 3 小时。

职业发展方向

CVA 资格获得者具备企业并购、项目投资决策等投资岗位实务知识、技能和高效规范的建模技巧，能够掌握中外机构普遍使用的财务分析和企业估值方法，可以熟练进行企业财务预测与估值建模、项目投资决策建模、上市公司估值建模、并购与股权投资估值建模等实际分析操作。

CVA 持证人可胜任企业集团投资发展部、并购基金、产业投资基金、私募股权投资、财务顾问、券商投行部门、银行信贷审批等金融投资机构的核心岗位工作。

证书优势

岗位实操分析能力优势——CVA 认证考试内容紧密联系实际案例，重视提高从业人员的实务技能，并能够迅速应用到实际工作中，使持证人达到高效、系统和专业的职业水平。

标准规范化的职业素质优势——CVA 资格认证旨在推动投融资估值行业的标准化与规范化，提高执业人员的从业水平。持证人在工作流程中能够遵循标准化体系，提高效率和正确率。

国际同步知识体系优势——CVA 认证考试选用的教材均为协会精选并引进出版的国外最实用的优秀教材。将国际先进的知识体系与国内实践应用相结合,推行高效标准的建模方法。

配套专业实务型课程——注册估值分析师协会联合国内一流金融教育机构开展 CVA 培训课程,邀请行业内资深专家进行现场或视频授课。课程内容侧重行业实务和技能实操,结合真实典型案例,帮助学员快速提升职业化、专业化和国际化水平,满足中国企业"走出去"进行海外并购的人才需求。

企业内训

紧密联系实际案例,侧重于提高从业人员的实务应用技能,使其具备高效专业的职业素养和优秀系统的分析能力。

- ◆ 以客户为导向的人性化培训体验,独一无二的特别定制课程体系。
- ◆ 专业化投融资及并购估值方法相关的优质教学内容,行业经验丰富的超强师资。
- ◆ 精选国内外优秀教材,提供科学的培训测评与运作体系。

考试安排

CVA 认证考试于每年 4 月、11 月的第三个周日举行,具体考试时间安排及考前报名,请访问协会官方网站 www.cncva.cn。

协会简介

注册估值分析师协会（Chartered Valuation Analyst Institute）是全球性及非营利性的专业机构，总部设于香港，致力于建立全球金融投资及并购估值的行业标准，帮助企业培养具备国际视野的投资专业人才，构建实用、系统、有效的专业知识体系。在亚太地区主理 CVA 认证考试、企业人才内训、第三方估值服务、出版发行投融资专业书籍以及进行协会事务运营和会员管理。

注册估值分析师协会于 2021 年起正式成为国际评估准则理事会（the International Valuation Standards Council，简称 IVSC）的专业评估机构会员。协会将依托 IVSC 的权威影响力与专业支持实现自身更快更好的发展，同时遵照国际标准和专业精神，与其他成员开展广泛的交流与协作，共同推进全球估值行业的进步。

联系方式

官方网站：http://www.cncva.cn
电　　话：4006-777-630
E-mail：contactus@cncva.cn
新浪微博：注册估值分析师协会

协会官网二维码

微信平台二维码

目 录 Contents

序 言

前 言

缩略词列表

关于注册估值分析师（CVA）认证考试

第一部分 过往的教诲：我的故事

从炸鱼饼到计算机数控（1988—1995）/ 002

不只是日本游客——成为中国 H 股的分析师（1996—1998）/ 006

真正的全球性研究经验——半导体分析师（1998—2007）/ 008

新词汇：临床试验、利率上限、内含价值与贵金属价差（2008—2013）/ 012

将成熟市场的经验引入新兴市场：从日本到亚太地区（2014—2017）/ 014

中转站：从亚洲到全球（2018 年至今）/ 017

第二部分 夯实基础

第一章　了解行业特征 / 023

预测行业增长的六个基本步骤 / 024

潜在市场增长率 / 029

检验预测结果的十个附加标准 / 030

第二章　评估不同行业的收益驱动因素 / 037

高速增长型业务——互联网、金融科技及生物技术 / 044

长期增长型业务——软件及医疗技术 / 047

周期性业务——资本品、运输、能源、大宗商品、化工及汽车 / 049

周期性增长业务——半导体、电子元器件、技术硬件及清洁能源 / 053

稳定型业务——消费必需品、零售、非必需消费品、制药、媒体及商业服务 / 057

利率敏感型业务——房地产投资信托基金、房地产开发、银行及保险 / 060

管制型业务——电力及电信 / 063

第三章 识别公司的"个性" / 067

产品与服务 / 067

起源与历史 / 068

管理概况 / 069

所有权结构 / 069

价值链 / 070

竞争护城河 / 071

跟踪以往的战略决策 / 072

不同国家和地区的企业文化 / 072

跟踪以往的盈利预期 / 073

跟踪以往的争议纠纷 / 073

管理质量——一个框架 / 074

第三部分
分析与调查结果的应用

第四章 将调查结果纳入收益模型 / 081

细分业务收入的预测 / 083

利润表的预测 / 083

资产负债表的预测 / 091

现金流量表的预测 / 094

如何将周期性要素体现在长期盈利预测中 / 096

季度预测或许有助于预测 / 096

鸟瞰图的价值 / 097

独具特色的金融业与房地产行业 / 097

第五章　观点汇总 / 101

创建实用记分卡的首选方法 / 101

第六章　选择合理的估值模型 / 105

高速增长型业务——互联网及生物技术 / 109

长期增长型业务——软件及医疗技术 / 111

周期性业务——资本品、运输、能源、大宗商品、化工及汽车 / 112

周期性增长业务——半导体、电子元件、科技硬件及清洁能源 / 113

稳定型业务——消费必需品、零售、非必需消费品、制药、媒体及商业服务 / 114

利率敏感型业务——银行、新兴市场银行、保险、房地产、房地产投资信托基金 / 115

管制型业务——电力及电信 / 118

多元化业务——企业集团 / 119

估值中需要考虑的其他因素 / 119

第七章　与市场总体预期的差异 / 125

观点是否真的不同 / 125

差异何在 / 126

非差异性结论的价值 / 128

第四部分　如何确定研究对象以及如何进行分析

第八章　如何创造令人振奋的观点 / 131

热点问题 / 131

有助于解决实际问题的产品 / 132

被遗忘的新技术 / 132

"小故事"孕育大思维 / 133

新的语言 / 134

B2B 与孤儿股 / 134

结构变化带来的第二甚至第三级衍生话题 / 134

本地化趋势 / 135

来自现实世界的信息 / 135

第九章　如何应对颠覆者、新兴市场、ESG 及经济衰退 / 137

如何预测和评估"颠覆者" / 137

如何看待新兴市场 / 140

如何考虑 ESG 问题 / 142

如何应对经济下滑 / 146

第十章　运用软技能为分析赋能 / 149

如何与公司建立关系 / 149

如何利用团队力量 / 151

如何有效地进行分析演示 / 153

初级分析师需要获得哪些类型的培训 / 154

时间管理 / 156

第五部分
回顾与总结

作者简介 / 163

致　谢 / 164

第一部分

过往的教诲:
我的故事

在本书中，我打算用自己 33 年的证券分析师生涯作为例证。通过我的亲身经历，读者可以体会到，为什么说证券分析是一场智力挑战赛，以及从基本工具入手的必要性。在我的整个职业生涯中，我总在面对不同的研究环境，这需要我以新的视角面对新的挑战；无论是 20 世纪 80 年代受命研究日本的资本品行业，还是 20 世纪 90 年代成为第一个研究中国 H 股公司的日本分析师，在本质上都需要我面对全新的环境。导致行业核心特征与结构性变化的根源是什么？行业中有哪些参与者，每个参与者所独有的"个性"是什么？收益驱动因素是什么？在行业大背景下，这些驱动因素如何发生变化？归根到底，这些要素表明企业未来将走向何处以及投资者遗漏了哪些要素呢？

从炸鱼饼到计算机数控（1988—1995）

任何在加州当地的寿司店吃过加州卷的人都熟悉鱼糜（surimi，也被称为鱼糕或鱼肉酱）。但你可能从来没有想过，这些白色"仿蟹"肉片到底从何而来。在 1988 年的某一天，我在野村综合研究所（Nomura Research Institute）得到职业生涯的第一份工作——做一名证券分析师，专门负责分析一家日本顶级渔业公司。远洋渔业曾是 20 世纪初日本的主导产业之一，业内的大多数公司都赚得盆满钵满。20世纪60年代后，捕鲸的压力越来越大，渔业公司不得不另谋出路。于是，鱼糜（或称鱼饼）有望成为下一个利润增长点。

在接受对这家公司开展研究的任务后，按照上司的要求，在开始撰写研究报告之前，我需要从这家公司收集到50张名片。要在一家公司认识这么多人，确实需要一个说得过去的理由，于是，我不得不从产品、组织结构、生产、营销、研发和财务等各个方面，对目标公司进行一次通透的调查分析。为此，我阅读了很多有关企业管理的书籍，并深入研究了这家公司的竞争对手。在收集到30张名片时，我发现，"鱼糜船"这个较为新颖的概念有可能成为这家公司的未来。于是，我开始对这个概念有一种如痴如醉的感觉。鱼糜由鳕鱼制成，但对鱼肉新鲜度的要求并不高，因此，公司决定在渔轮上设立鱼糜加工车间，这样，渔轮在返航途中即可加工鳕鱼。尽管这给公司带来沉重的支出负担，但差异化技术为公司的可持续性盈利打下了基础。为了解这项技术及其相关专利，除了实地造访这家公司之外，我还多次到国立国会图书馆和农林水产省（当时还没有互联网）查询资料，调查背景情况。我觉得，为了解这家公司，我几乎已经做了局外人可以做的所有事情。我唯一没有做的事情就是亲自登上鱼糜船，因为在我每次提出这个请求时，都会被负责人礼貌地拒绝。

虽然鱼糜业务的盈利水平可能会受到价格波动的影响，但我坚信，在盈利性较强的鱼糜业务上，这家公司拥有竞争护城河（competitive moat）。因此，我信心十足地对公司做出盈利增长预测。不过，我还是要感谢上司对我的激励，让我在刚刚走上证券分析师的岗位时，就有机会去深入了解一家公司。因为那时我还很年轻，缺少把对渔业企业的了解转化为投资建议的专业能力。但不管怎么说，在这次以证券分析师的身份首次接触公司的过程中，我获得了很多宝贵经验。花了这么多时间研究一家公司，让我对现实世界中的大企业如何运营有了切身的感受和体会——譬如，不同职能部门如何工作，首席执行官（CEO）的战略如何层层向下落实，如何制定财务预算，如何激励员工，各部门及不同领导层之间是否存在利益冲突。随着分析师的级别不断提升，工作越来越繁忙，他们开始习惯于把公司看作股票或金融工具（这是投资者所关注的），但还是有必要提醒自己，财务数据背后的人为因素至关重要。即便是30多年后的今天，每当预测一家大公司可能采取的行动时，最初的经历都会为我提供一个近乎完美的基准。

在渔业研究之后，我的下一项任务就是进行对资本品行业的研究。我非常喜欢这个行业，还实地考察了轴承、消防车、拖拉机、工业泵、热交换器、针织机和自动尿布组装设备等多种产品的制造企业。每家公司都有自己独特的历史，都拥有让他们引以为荣的主打产品。我对了解这些业务表现出充分的诚意和渴望，而对方也投桃报李，在百忙之中与我分享各自的经验和体会。我每天都在学习新事物，甚至觉得自己已经开始喜欢机油的味道。我至今还记得，一家大型自行车零部件公司的厂长曾告诉我，他们向一家顶级汽车公司提供了一批关键性汽车零部件，这笔业务的利润微乎其微。尽管这家公司是全球自行车零部件行业的领导者，而且利润丰厚，但为紧跟"大联盟"制造技术的步伐，他们依旧保留了几乎没有盈利的汽车零部件业务。今天，这家公司依旧是这个领域的主导者。

我有时也会做出糟糕的判断。有一天，我在一份机床行业杂志上看到一篇关于"低成本计算机数控系统"的有趣文章。机床可以把金属材料弯曲成各种形状，由于它是生产其他机器核心部件的工具，因而通常也被称为"工作母机"。当时全球各地有很多家机床公司，但关键部件 CNC（计算机数控：一种控制金属切削刀具位置的专用计算单元和伺服电机）几乎全部由一家日本公司提供。这家公司获利丰厚，在行业中占据垄断地位；但它们的客户——机床制造商，却不得不面对利润率低和盈利剧烈波动的困境。这篇文章提到加利福尼亚州的两家初创公司，它们刚刚推出由电脑操作的低成本数控系统。看到这篇文章后，我感到很兴奋，因为这些公司有可能通过技术创新彻底改变机床产业的整体结构。

我的老板非常大气，直接派我到美国西海岸去拜会这些私营公司的创始人。尽管我没有工程学背景，但是之前对 CNC 技术的深入研究，足以让我和他们进行深入交流，因此，他们非常重视我的来访。通过调查，我认为他们的技术似乎是成熟的，而且已经成功赢得了一批客户；他们采用了现代化的制造设备，而且布局井井有条。在回到日本之后，我和几位业内工程专家进行了交流，对我了解到的情况进行了复核。几位专家基本做出了积极的评价。因此，经过尽职调查，我为自己的客户、这家全球顶级的日本 CNC 公司撰写了研究报告，对其未来盈利能力做出相当悲观的预测。但事实证明，我完全错了。低成本 CNC 是一种仅适用于细分市场的产品，丝毫没有动摇这家日本 CNC 公司的霸主地位，它们延续了成功的发展路径，而且盈利能力丝毫没有减弱。这件事让我得到一个惨痛教训。我对行业动态即将发生巨大转变的想法显然过于乐观，并没有意识到，导致行业垄断者强大的原因是多方面的。

这或许是体现"确认偏差"（confirmation bias，当人们持有某种观点时，支持这种观点的任何证据都会被主观放大，使人们会选择性地忽略与此相悖的其他证据）的一个典型示例。我喜欢以弱胜强的故事，因此更愿意相信小型初创公司会异军突起，战胜昔日占据主导地位的大公司，于是会下意识地期望这样的故事能变为现实。与此同时，为了得到外界的认同，我可能在不知不觉间选择了与自己有相同期望的工程技术专家。实际上，基于这个话题的重要性，我本应征求更多专家的意见，尤其是持不同看法的专家。

不只是日本游客——成为中国 H 股的分析师（1996—1998）

在 20 世纪 80 年代中期，我曾经以背包客的身份，花了大约两个月时间游历中国各地。在当时，即便在中国最大的城市，在街上也很难看到汽车，取而代之的是不计其数的自行车。对于这个幅员辽阔的国家，我不仅痴迷于她的文化和人民，也能感受到其经济增长的强大潜力。毫无疑问，我永远都无法预见这个国家在经济发展方面到底会取得怎样的成就。虽然我确实很喜欢告诉大家，日本拥有全球最强大的资本品行业，但我始终想找一个机会到中国香港去工作，这样可以近距离地了解中国内地。当时，大部分与内地相关的股票研究活动均以香港为基地。于是，我接受了几个月的高强度汉语普通话培训，为到香港工作做准备。1996 年公司把我派驻到香港，这也让我成为第一位持有日本护照的中国 H 股证券分析师。在那时，股票市场和股票研究的发展在中国内地还处于萌芽阶段。当时的上市公司大多为国有企业。我曾拜访一家电力设备公司，对方对我这个第一次造访中国 H 股公司的证券分析师给予了高规格的待遇，面对我的第一个简单的问题，CEO 竟然发表了一场耗时 45 分钟的演说。实际上，直到访谈结束时，他也没有正面回答我的第一个问题。

尽管不得不面对各种各样的困难，但是对很多中国公司的拜访以及与公司管理层的交谈，对我来说仍是非常有益的经历。当时，很多公司还处于探索商业模式的早期阶段，热衷于学习海外公司在内部组织、生产和营销等方面的经验。作为一名缺乏本地知识和社会关系的非本土分析师来说，在分析中国的 H 股公司时，我试图采用全球性的基本行业框架。我对每家公司在全球竞争格局中的定位进行了评估，这些观点不仅在当地得到好评，也受到了全球投资者的认同。由于之前对日本工业企业进行过大量的现场考察，我对行业和技术有了比较深刻的认识，因此，在参观中国工业企业的过程中，我可以通过一些具体问题对中国同行的制造水平做出分析和判断。当时，中国的很多行业还处于比较分散的状态，于是，我便可以利用发达市场的经验发掘潜在的整合机会。这些考察和分析让我对中国制造业的未来极其乐观——通过分析日本及全球资本品企业获得的这些技能，必然会让中国市场的投资者深受裨益，当时如此，今天依旧如此。虽然当时的某些概念对我来说还有些陌生，但那很可能是我最早尝试使用"时间机器"和"模式识别"等分析工具。这些分析工具的功能极其强大，即使是不熟悉中国市场的入门级分析师，也能据此感受这个市场的与众不同之处及巨大的价值潜力，这是我最宝贵的体会和经验。尽管我在当时就已经极度看好中国工业的发展前景，但事后看来，我的预测实际上还是非常保守。

真正的全球性研究经验——半导体分析师（1998—2007）

在对中国 H 股公司进行了三年研究之后，我希望在全球背景下检验我的证券分析能力。1998 年，我有幸加入高盛的科技股研究团队，负责研究日本的半导体行业。由于我之前对半导体一无所知，因此，在来到纽约办公室的最初几个月里，我都在学习半导体行业的基础知识，并与美国团队建立联系。对我来说，向科技股的"全明星"级研究员学习，无疑是令人向往的。但真正令我出乎意料的是，公司高管对证券分析师和主要投资者给予的尊重和关注。在当时的亚洲资本市场上，投资者关系还被企业视为可有可无的任务，根本就算不上公司运营的必备要素。因此，亚洲的证券分析师往往需要付出巨大努力，才能与企业管理层建立起"互惠互利"的关系，而后，他们才有可能对分析师敞开大门。

在纽约度过令人兴奋的几个月后，我回到东京，开始对日本的半导体设备公司和部分科技硬件公司进行分析研究。当时，在日本的股票市场上，卖方机构已开发出一系列高质量的研究产品，但基本倾向于本地化，对外高度封闭。像我这样对科技行业知之甚少的新人采用了两种简单方法，立即吸引了投资者的眼球。一种方法是关注公司的季度收益，另一种方法就是及时收集和阅读海外公司财报电话会议的公告。实际上，这些方法目前已成为证券分析行业的标准做法，但是在当时，大多数日本分析师还无法从美国公司的财报电话会议上发掘有价值的信息。

当时，多数卖方分析师只关注年度盈利预测，很少频繁调整盈利预测。此外，当时还没有出现明确的"市场盈利预期"（street consensus earnings，证券公司和证券分析师对上市公司的收益估计平均值，也称为"市场共识盈利预期"）概念。这种对超短期盈利趋势的关注很快被日本市场所采纳。但具有讽刺意味的是，在关注短期收益热潮兴起之前，日本可能早已拥有大量高质量的卖方研究报告，对公司战略和长期结构性行业前景进行深入讨论。

在关注日本高科技公司之后，我大部分时间都在进行实地考察。技术硬件行业体现出明显的全球性、关联性和快速发展特征，因此，环游世界以及与供应链中各个企业交流的阅历，使得我在这个领域内拥有了巨大的信息优势。要更好地了解半导体行业，就需要我们了解半导体行业产业链的各个环节，包括材料、设备、组件、仪器以及各种最终产品，如个人电脑（PC）、手机、通信设备、消费电子产品和汽车等。此外，组件与最终产品的库存水平可能会发生大幅波动。动态随机存取存储器（DRAM）和计算机闪存设备（NAND）等存储芯片的定价非常不稳定。为提高芯片密度，芯片制造商每年都会推出新的工艺技术。当时，芯片制造商和设备制造商之间的合并也频繁发生。在我的全部工作时间中，约有1/3是在中国、韩国、荷兰和美国硅谷等地奔波的路上。

从这个方面说，我的全球性研究梦想已经实现。我每天都在和美国、中国、韩国、欧洲以及日本的同行们通过电子邮件和电话进行交流，分享各自的新发现。今天，所有亚洲股票市场的关联性已显而易见，但是在当时，这种互联互通是不可想象的，研究团队通常按国家或地区设置。但是在卖方研究机构中，我们很可能是最早创建覆盖全亚洲科技股研究团队的公司之一。很多全球性科技公司的战略部门人员会定期拜访我们公司，了解我们对行业总体态势的判断和观点，毕竟，即便是大型科技公司，也不可能随时把握整个科技硬件行业的动态，更谈不上全面了解。

对我来说，最难忘的经历之一，就是参加由行业协会 SEMI（前身为国际半导体设备和材料协会）每年在夏威夷举办的国际贸易伙伴会议（International Trade Partners Conference）。20 世纪 80 年代，美日之间爆发半导体贸易摩擦，为此，SEMI 发起国际贸易伙伴会议，旨在为全球半导体企业高管提供汇聚一堂、共商行业未来的机会。我曾多次受邀在会议上发表演说，这些经历也帮助我在行业内拥有了宝贵的社交圈。在半导体行业，很多公司高管拥有开放、坦率和协作的精神，并且愿意分享观点，听取建议。坐在毛伊岛的海滨酒吧，我有机会了解他们的抱负、战略和担忧，同时，还可以了解董事长和 CEO 如何看待我对行业和特定公司未来方向的看法，这绝对是一种畅快淋漓的体验。现场感受企业高管之间的互动，对分析师来说不仅难能可贵，而且极富启发性和教育性。企业高管的家庭成员对我也非常友好和善。为维护这个关系网，我会定期把自己发表的研究成果发送给这些公司高管。在巅峰时期，我在全球范围内结识的高管多达 2000 人，与刚开始担任证券分析师时需要收集到 50 张高管名片的目标相比，真的是天壤之别。

另一个给我留下深刻印象的研究项目是喷墨打印机的墨盒。在购买打印机时，我们在墨盒这种消耗品上的开支远远超过打印机，因此，打印机制造商的主要利润来源并不是打印机，而是墨盒。由于墨盒有严格的专利保护和高水平的制造工艺，因此，与其他技术产品所面临的竞争不同的是，当时的日本打印机制造商还没有遭遇来自中国及韩国的低成本竞争。竞争优势的可持续性对打印机制造商的未来盈利能力影响重大。如此高的盈利，吸引了更多公司涌入第三方墨盒及充填市场。与此同时，欧盟（EU）也因为反垄断问题开始对打印机墨盒市场展开审查。但公司在这方面显然不愿多透露信息，这就需要我在常规研究之外采取应对措施。于是，我开始联系一些为墨盒企业提供材料和零部件的熟人。后来，我逐渐开始接触来自中国及韩国的二、三线打印机制造商和第三方墨盒生产商。此外，我还阅读了大量的相关技术专利申请资料，并积极向专利律师请教咨询，从而对交互许可证协议有了深入了解。尽管最后并没有找到明确答案，但我还是得出了自己的结论：喷墨式墨盒技术具有较大的市场弹性，因而可以暂时维持现有的盈利状态。我已经学会从之前经历的数控技术研究中汲取教训，并尝试采取一种更全面、更均衡的研究方法，而不是急于做出判断。实际上，当时的打印机制造商仅告诉我们，由于他们在技术上占有优势，使得墨盒业务拥有较大的供给弹性。但除此之外，他们几乎没有提供任何细节。在这种情况下，我付出的努力和取得的研究成果自然获得了满堂喝彩，尤其是那些持有大量打印机公司股份的长期投资者，更是对我的工作赞赏有加。实际上，喷墨式墨盒业务至今仍维持较好的盈利水平，而且也是打印机制造商的主要收入来源。

新词汇：临床试验、利率上限、内含价值与贵金属价差（2008—2013）

2008 年，我把自己的具体工作交给一位同事，开始担任日本股票研究中心负责人。除个人事务之外，研究中心负责人的一项主要职责就是把握研究产品的质量控制。从上任的第一天起，我便需要通过投资审查委员会行使职责，在评级调整、发表新主题报告以及开拓新研究范围等方面，为所有的日本证券分析师提供指导和审批意见。在过去 10 年中，我一直在半导体和硬件技术领域深耕，对其他行业知之甚少。在新的职位上，我不得不面对很多陌生的词汇，诸如利率上限、内含价值、三期临床试验和贵金属价差等。这就需要我不断学习和消化很多新知识。有的时候，我会花几个小时与分析师团队讨论行业动态，而且经常会熬到午夜。这同样是一次神奇而令人振奋的体验，我甚至能感觉到，在我的大脑中，有一个此前从未被开发的全新区域被充分激活。

在参与投资审查委员会会议几个月之后，我已经习惯于为这些行业专家提供投资建议。在这个过程中，我发现，即便是拥有 10 年甚至 15 年从业经历的资深人士，也难免会有盲点和疏漏，这确实让我感到意外，但也激发了我的兴趣。他们非常了解这些行业，而且已经深深融入这些行业，但偶尔也会忽视某些显而易见的未来趋势。比如说，现在回头看，在做分析师的时候，我犯过的一个重要错误，就是没有及时认识到胶卷相机以及专用数码相机的衰落趋势。在做半导体分析师时，我很清楚 CMOS（互补金属氧化物半导体，相当于数码相机的眼睛）图像传感器和镜头技术规格的发展速度有多快,当时就应该提早预测到数码相机的大幅下滑。

按照同样的逻辑,与汽车行业分析师讨论电动汽车的转型之路也非常有趣。以前的汽车行业分析师经常会说,纯电动汽车的普及之路可能会非常缓慢,因为电池太重,而且成本太高;汽车制造商也不会把这项业务作为主攻方向,因为业务本身确实在亏损。但我认为,只要整个行业全力发展,很多电动汽车的发展速度应该比预期得快。归根到底,决定产品命运的是消费者,而不是汽车制造商。尽管我不认为我总会提出正确的建议,但聆听分析师高屋建瓴地提出的观点,而且在不了解太多细节的情况下快速识别盲点,显然是我在这段时期掌握的一项非常有价值的能力。我真希望当初在做证券分析师时能更多地倾听其他分析师的观点,并且尽早厘清这些问题。

在我担任日本股票研究中心负责人期间,日本股票在投资者中并不受欢迎——盈利能力低下,变革速度缓慢,公司治理不善,再加上来自亚洲其他地区的激烈竞争,让日本股票的竞争力大打折扣。2010 年,我到苏格兰爱丁堡拜访一位以长期选股投资而闻名的客户,这位资深投资基金经理告诉我,我们的研究一无是处,因为它们根本没有解决公司的核心价值问题。但他又说,他唯一感兴趣的是可以购买哪些日本公司股票,然后扔在一边,等到五年之后收获它们带来的超额收益。回到日本之后,我和研究中心的分析师进行了一番讨论,最终决定推出"日本2020"系列研究报告。这个研究系列以分析师认为在未来 10 年具有可持续增长潜力的公司为对象,通过深入的行业结构分析,提出这些公司的 10 年期财务预测。部分报告的编写工作耗用了近 6 个月时间,在接下来的 12 个月里，研究团队成功发布了多份《2020 年日本上市公司研究报告》。这些报告大受欢迎，尤其是那些历来不喜欢日本股票的海外投资者。当然，企业也对我们的努力表示赞赏。对分析师而言，这同样是一种非常有价值的学习工具，为超越正常预测时段的研究提供了宝贵经验。一年后，我再次回到爱丁堡，见到了那位昔日对日本股票不感兴趣的基金经理。值得欣慰的是，他告诉我，他已经详细阅读过我们编写的所有"日本2020"系列研究报告。

将成熟市场的经验引入新兴市场：从日本到亚太地区（2014—2017）

当我在香港的研究中心的直属上司退休时，我接到了公司的新任务——与一位才华横溢的英国同事共同管理野村证券亚太股票研究部门。尽管我曾在韩国、中国市场有过丰富的研究经历，但是要负责拥有 11 个办事处并覆盖 13 个市场的整个亚太地区，我确实感到信心不足。不过，虽然我想过这次职业转型或许没那么艰难，但它远比我预期得更顺利。我在日本做证券分析师时积累的能力和经验，很容易移用到其他市场。考虑到文化上的趋同性，培养初级分析师和激励高级分析师的过程在这些地区表现出惊人的相似性，尽管困难不少，但相似处颇多。

更值得欣慰的是，我发现，通过分享自己在发达国家股票市场的经验，可以帮助分析师加深和拓宽他们对新兴市场的理解和认识。在分析泰国和中国便利店业务的前景时，我们首先可以详细研究日本和韩国的便利店行业历史和发展规律；如果需要对印度的超市业务做 20 年的愿景规划，我们首先需要研究20世纪70年代的美国超市业务；通过研究日本家具连锁店，可以帮助我们更好地理解中国家具制造商的现状，并展望其未来；如果我们想对印度的钢铁需求做长期预测，通过比较不同国家的"钢材密集度"（steel intensity，钢铁使用量与GDP的比率），可以为我们提供有益的洞见。这听起来似乎是非常基础的事情，但令我百思不得其解的是，在这些成长型市场中，居然没有多少分析师愿意花费时间从发达市场的发展历史中寻找启发。

当我开始管理野村证券日本本部投资审查委员会时，我接触到了很多原本不熟悉的行业，为此，我需要学会在不掌握全部细节的情况下迅速抓住问题的本质和重点。当时，我研究日本股市的时间已接近20年，只要听到任何一家大型上市公司的名称，我对它们的基本业务和历史便有总体了解。但是，当我的业务负责范围扩大到整个亚太地区时，我甚至读不出大多数公司的名称。对于这些我从未听说过的公司，仅仅凭借20～30分钟的介绍，我很难为分析师提高分析质量和避开陷阱提出合理建议。

在这段学习期间，让我受益匪浅的工具包括"时间机器分析"（time machine analysis）和"模式识别分析"（pattern recognition analysis）。时间机器分析是指对不同国家同一行业的发展情况进行比较；而模式识别分析则是对具有类似行业动态机制的不同国家的不同行业进行比较。比如说，某个分析师可能会说，基于碳排放要求升级带来的相关法规，中国钢铁企业将进入整合阶段，这将会导致收益波动性降低，股票估值上涨。尽管钢铁行业尚无明显例证说明这些变化将带来的影响，但美国的硬盘驱动器行业有过类似的经历。因此，分析师完全可以通过研究硬盘驱动器行业在过去几年的动态，看看是否与中国钢铁行业有某些相似之处。尽管这些分析工具并非完美，但至少可以为我们的观点提供更多佐证。

中国市场的进口替代问题，为用成熟市场的经验分析新兴市场的操作模式提供了非常有趣的案例。在2000—2008年，我经常以分析师身份造访中国公司，当时的中国已被公认为"世界加工厂"，中国制造的各种产品充斥于全球市场。但我遇到的工厂管理者却经常说，虽然他们可以在国内采购大部分基础零件，但某些关键零部件和材料还要依赖于日本或欧洲的进口，这让他们难以进一步压缩成本。之后，我开始注意到，一些中国企业正在逐渐对关键零部件和材料进行本地化生产，同时，政府也在大力推动制造业升级。我认为这将会成为一个流行的增长主题，于是，我开始寻找能从这轮制造业转型中获益的公司。而我最近遇到的一家公司，就很好地诠释了这个主题，这是一家为工程机械提供液压元器件配套的制造商。和日本公司相比，中国公司可以按较低成本生产具有类似质量的液压元器件。因此，在过去几年的中国市场上，中国公司已逐步取代日本公司。

与发达国家的成熟市场不同，在成长型市场中，证券研究机构几乎很少关注中小股，尤其是在全球性研究机构中。因此，寻找有吸引力的成长型公司也是识别阿尔法收益（通过主动管理取得的超额收益）创造机会的有效方法。这种方法对中国A股市场（在中国内地上市的中国公司）尤其适用，当时上市超过3000家公司，涉及从服务业到制造业的各个领域。通常，有吸引力的成长型公司首先会受到本地投资者的追捧；而越来越多的外国投资者也开始有机会在某些领域找到尚未被发掘的宝石，譬如当地投资者可能未发现的冷门产品，尤其是专用性工业产品。毕竟，这些外国投资者曾在本国市场接触过相似公司，了解这些细分行业的动态和成长特征，因而更有可能嗅到机会。

中转站：从亚洲到全球（2018年至今）

在领导层发生变动后，我得以和另一位美国同事共同管理全球股票研究（Global Equity Research）部门的业务。与我搭档的负责人是曾在美国市场上叱咤风云的"全明星"级技术分析师，他在位于纽约的总部对全球研究团队进行遥控式领导。因此，我将自己的角色定义为"中转站"，目的就是为公司分布在全球各地的分析师提供沟通渠道。与此同时，我开始利用自己对亚洲市场的了解，向非中国的分析师介绍中国市场，反过来，这也帮助中国分析师了解全球投资者如何解读中国的公司。

很多行业团队已开始定期召集全球电话会议，保持信息共享的及时性和经常性。但我也发现，在很多情况下，分析师很少会发生激烈的辩论，或是相互调整各自观点之间的分歧，我可以理解，他们都不愿意得罪别人，更不想影响其他分析师的思路。当然，在所有问题上达成完全一致是不现实的，但高质量的辩论对每个人都是有益的。在不同的国家或地区，外卖业务的商业模式往往有着天壤之别，解析其中的差异，是一件极其有趣的事情。但如果没有深入透彻的全球性讨论，分析师团队就不可能真正理解这些差异产生的根源以及不同模式的优劣。在不同地区，汽车行业分析师对电动汽车的采纳曲线会有不同看法。因此，持有不同的观点进行开诚布公的辩论，会让全球团队中的每个人深受裨益。

此外，揭示不同市场之间的认知差距同样非常有趣。尽管我们都知道，对于大多数投资信息的获取几乎不存在延迟，但令人费解的是，各大洲在气候控制问题上仍存在明显的认知差异。到2018年，也就是在我开始担任全球研究主管时，欧洲投资者和企业对经济脱碳问题还非常关注，而且也确实采取了各项措施。但在我看来，美国市场当时对二氧化碳排放问题完全是不在意的。亚洲则介于美国和欧洲之间。截至2021年，几乎所有地区或国家都已开始认真对待净零排放行动。因此，如果我们在2018年对欧洲企业的战略、技术发展、监管变化和投资者行为有全面了解，并预见其他市场在这方面的变化，那么，在过去几年中，我们完全有可能为投资者提供非常好的建议。

我真正喜爱而且会引以为荣的一件事，就是参加分析师组织的观点开发讨论会（idea generation call）。当分析师提出一个新的重要主题时，会通过电话会议的方式组织分布在全球各地的相关分析师，对观点进行即时性深度讨论。讨论的主题可能是氢能、电池供应链、5G技术、中美贸易摩擦、旅游消费、运动服装市场、植物性食品、金融科技、油轮排放监管、零部件短缺或是汽车行业的横向制造模式等。通常，我只是倾听或是组织讨论，聆听不同领域行业专家的分析和发言对我而言完全是一种享受，可以说，任何研究项目的成功，在某种程度上都源自于很多人的集思广益，是很多分析师集体智慧的结晶。我见过很多案例，分析师的集体智慧远比他们的个人观点带来的影响大得多。

从分析师这个角色出发，我一次次地发现，在全球各地，分析师之间的相似之处远多于差异，这和我从日本市场转战亚太地区时的感触非常相近。在开始担任全球研究主管职务时，我拜访了欧洲及美国的几位顶级分析师，并了解了使他们取得成功的品质。一个惊人的发现是，这些品质几乎全部在亚洲顶级分析师的身上得到了印证。尤其令我感到鼓舞的是，所有顶级分析师几乎都不约而同地指出，他们酷爱思考，或许这正是分析师最重要的特质。

第二部分

夯实基础

第一章

了解行业特征

要预测特定行业的中期布局，分析师首先需要了解这个行业的"特征"。识别潜在的结构变化及变化的速度，特别有助于分析师对前景做出判断。在这方面，分析师很容易陷入一种所谓的预测的陷阱——通过简单地扩展现状来预测未来。为避免这种情况，就需要在预测中采用更多的"非线性思维"。在本章里，我们总结了预测行业潜在市场（total addressable market）增长率的六个基本步骤。此外，为确保思维的灵活性并在预测时充分考虑结构变化，我们还列出讨论过程中需考虑的其他十个附加因素，以便于对预测数据进行检验。在每个部分的讨论中，我们都会针对如何收集相关信息提出建议。这部分的信息量较大，可能会让一部分分析师感到难以接受，但作为分析师而言，还是应该尽可能拥有广泛而深入的视角，以便于最大限度了解这个行业的基本知识。但同样重要的是，分析师还要学会有意识地在研究过程中发掘特色，找出几个"有趣""惊人"甚至是"有悖常理"的发现。

预测行业增长的六个基本步骤

1. 产品和服务的详细情况

行业分析的第一个步骤，就是充分了解它所提供的产品和服务。对于和消费者密切相关的产品或服务，分析师应把握一切机会去亲身体验，深入了解产品的使用方式、单价、产量、定价机制、制造流程和供应链等细节。针对技术含量较高的领域，可以请求行业专家给予帮助，譬如相关企业刚刚退休的工程技术人员或是从事相关领域研究的大学教授，这些专家可以为分析师提供有价值的基础知识。从事特定行业研究的行业机构或咨询公司往往可以为新手分析师以速成方式掌握行业基础知识提供捷径，这也是帮助他们在短时间内了解行业的高效方式。分析师亲自造访工厂和商店几乎是"必修课"，因为它们可以为分析师提供其无法通过数据获取的第一手信息。此外，贸易展览会和行业会议也是获取行业信息的重要来源，尤其是处于细分市场的企业对企业（B2B）类产品，毕竟，我们在日常生活中并不经常接触这类产品。行业贸易展销会则为分析师提供了一个亲自体验和比较产品的理想场所。当然，公司营销人员的宣讲对分析师而言无异于课堂学习。

面对具有流行时尚概念的新服务或新业务时，分析师应格外小心。因此，在分析师使用人工智能、物联网、算法、客户数据价值和平台能力这类专业术语时，务必要厘清这些词汇对被研究行业和公司而言的具体含义。

2. 行业的历史沿革

很多行业是相互关联的。因此，通过调查特定行业的历史，了解其形成、发展并一直延续至今的沿革，对分析师而言意义重大。比如说，如果不研究计算机行业的历史，分析师就很难对软件行业获得一个全面清晰的认识。在汽车行业的漫长发展历史中，曾有数百家汽车制造商来去、存亡，了解这段历史，可以让我们更好地了解电动汽车行业在未来十年的发展趋势。显然，被研究公司 CEO 撰写的书籍和文章往往是重要的信息来源之一。经验丰富的分析师善于从丰富的历史和背景信息中挖掘有价值的信息，但新入门的分析师可以利用这些书籍弥补自己的知识空白。有些公司会发行介绍公司发展历史的宣传材料，其中会包含很多有价值的信息。因此，在参观公司（尤其是制造型公司）时，千万不应低估观摩陈列室的作用，因为这里往往可以为分析师提供很多有趣的线索，帮助他们了解行业的属性和性质。陈列室通常会收藏展示关键技术历史演变进程的真实产品，有时还会陈列针对未来产品设计的概念原型。

3. 对潜在市场及细分市场的定义

在预测潜在市场增长前景之前，首先需要对产品做出定义。如果被研究的产品类别覆盖范围足够大，而且定义明确——譬如汽车和半导体——那么，分类会相对较为简单。但如果需要预测与产品相关的特殊材料、机械或服务，则需要在大类中对这些产品或服务给予专门的定义，否则，分析师就有可能忽略行业内部的结构变化。比如，是否可以把电子游戏机作为一项单独业务进行独立分析，还是应该与手机游戏市场结合起来，显然这是一个值得思考的重大问题。同样需要考虑的还有外购市场和内部市场。比如，在分析建筑维修企业时，总体潜在市场规模应兼顾第三方提供的服务和由业主提供的服务；如果分析师正在研究调味品市场，则应分别讨论企业对企业和企业对消费者的细分市场；在分析钛金属市场时，分析师必须认识到，用于高端航空产品的钛金属与中低端钛金属在定价和需求上存在很大差异，应区别对待；对涉及大量进出口活动的行业，必须以全球视野分析它的潜在市场。通过这些示例你可以发现，对潜在市场的定义方式将为分析师提供重要洞见。行业组织不仅可以提供充分翔实的数据，甚至还有通过其他途径难以获取的行业细分数据，这对新兴行业来说尤其重要，这些数据也是分析师开展工作的重要起点。这就是说，将第三方行业研究数据、行业组织统计数据和公司披露信息结合起来，显然有助于分析师对公司做出合理的估计。

4. 市场结构

一个行业的特征在很大程度上是由市场的集中度决定的。市场份额的历史变化情况和主要竞争对手的性质，也是分析师需要考虑的重要因素。有的时候，竞争对手也可能是目标公司的供应商、客户或合作伙伴。由管制垄断企业或国有企业主导的行业有其自身特点。此外，分散的市场不会自发地整合。使用行业结构图和供应链结构图，可以向读者形象地解释复杂行业。在研究教育行业市场时，考虑到不同参与者拥有不同的业务领域，在不了解行业大背景的情况下，很难对不同企业进行比较，这就需要根据班级规模、平均收费标准、年龄组、线上和线下组合等变量从总体上把握行业整体状况。新冠疫情爆发造成的2020年经济衰退，为我们上了一堂课。半导体等行业的全球供应链相对狭窄，主要由分散在世界各地的高度专业化企业构成，而且每家公司均在全球市场中占有相对多的市场份额。因此，只要某一家公司出了问题，就有可能导致整个供应链停摆。这样的供应链拥有较高的效率和盈利性，却很脆弱，风吹草动都有可能引发危机。另一方面，对于汽车和消费电子等行业，由于厂商可向供应链中的多家公司采购，因此，尽管供应链的效率可能较低，但拥有较强的抵抗冲击的能力。

5. 分析竞争对手

了解市场中主要参与者的特征至关重要。假设有两个相同行业，一个行业拥有积极进取的市场整合者，另一个行业没有这样的市场整合者，那这两个行业将呈现出截然不同的长期盈利能力。如果一家公司的主要竞争对手非常关注盈利能力，那么该行业就不太可能爆发"你死我活"的价格战。如果目标公司要面对比自己更强大的竞争对手，那么分析师就需要研究对手的潜在弱点，并对争夺市场份额的可能性进行评估。如果竞争对手的规模相对较小，分析师则需要了解目标公司是否拥有颠覆性的新产品或新服务。在考察主要由私营公司主导的行业时，行业贸易展览会及行业会议是接触这类公司并亲身体验产品的好机会。此外，竞争对手的资金状况也会显著影响行业的竞争动态，因此，阅读公司公开披露的财务报表意义重大。

6. 全球比较

可以说，无论怎么强调这一点都不为过。毕竟，这是所有行业分析的起点。在分析处于成熟市场的行业时，分析师很自然地会想到与其他成熟市场的类似行业进行比较。但如果被分析行业来自新兴市场，那么，首先应该与其他新兴市场的类似行业进行比较。尽管分析师可能认为这种比较并无必要，尤其是以国内市场为主的行业，但与其他国家处于相似发展阶段的行业进行比较，可以让分析师对这个行业有更好的理解。比如，如果没有与人均 GDP 相似的其他国家进行比较，我们就不会体会到韩国在线电子商务市场的优势。当然，如果有合适的比较案例，分析师完全可以利用成熟市场的案例判断目标公司的未来发展路径。因此，在分析泰国的便利店业务时，不仅要与韩国和中国的便利店进行比较，还应研究日本的便利店，从而为研究其未来增长路径找到有参考价值的基准案例。大多数分析师习惯于以美国市场为比较基准，毕竟，美国拥有大量的上市公司和行业数据，但更合理的策略是以若干国家作为比较对象。分析师要想成功地进行比较分析，定期与来自其他地区的同行业分析师开展沟通至关重要。如果确实找不到这样的分析师同行，可以关注专业行业期刊等其他常规性信息。读者或许以为没有针对商用电表箱这种产品的月度期刊，但其实有。

上述步骤可以用图形来表示，如图 1-1 所示。

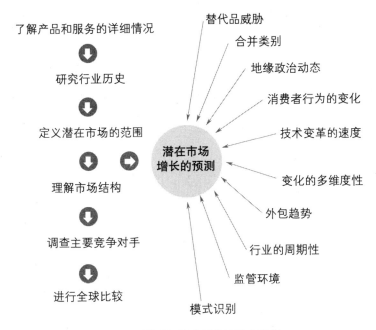

图1-1 预测行业增长率的基本步骤

资料来源：高盛全球投资研究部。

潜在市场增长率

在完成上述六个基本步骤之后，分析师即可着手预测潜在市场的增长率，这也是对公司进行分析的基础。如果假设预测期为5～10年，那么，最终得到的潜在市场规模预测数字仅包含5～10组以美元为单位的数字，只要估计合理，计算得当，这些数字就可以为分析师提供重要的启发和洞见。有些分析师只对潜在市场增长进行两到三年的预测，但是要全面分析目标行业的各种结构性变化，至少需要采用五年的预测期。与采用两年的预测期相比，五年的预测期显然更能帮助分析师深层次地判断行业前景。每个行业都会有若干增长驱动因素，如渗透曲线、可承受力、定价、创新、人口结构、不同消费者群体的行为、工业生产增长率、利率、管制和环境因素。与其他行业的研究团队的合作非常重要，因为很多预测数字是相互关联的。在公开行业数据非常有限的情况下，分析师可能需要以第三方研究机构提供的行业预测为出发点，但是在使用这些数据前，必须核对和检验它们的适用性。

检验预测结果的十个附加标准

1. 来自其他替代性业务的威胁

在线零售正在从传统零售企业手中夺走更多的业务；在线支付也正在逐渐取代现金交易；智能手机几乎让石英手表丧失了使用价值。尽管这些替代品在起步阶段可能发展缓慢，但一旦通过渗透形成足够多的市场牵引力，它们的市场份额的增长就有可能出现非线性的加速。具有讽刺意味的是，当初，石英手表曾以同样的方式取代了机械手表。有些替代性威胁并不像在线零售这么明显，但分析师必须警惕这种可能性。遗憾的是，当被替代产品生产企业的管理层意识到威胁已出现时，往往为时已晚。因此，只依赖公司管理层提供的信息，很可能会导致分析师得出错误结论。一旦发现目标公司的业务将受到严重威胁时，分析师需要有勇气把这个事实体现在他们的长期预测数据中。

2. 合并类别

有的时候，拥有真正创新精神的公司足以改变行业格局。很多智能手机制造商目前的主要利润来源是数字内容投放，而非手机销售收入；有些资本品公司正在把软件解决方案纳入到其商业模式中；互联网公司开始涉足支付和借贷等领域,增加这些传统上仅属于金融服务公司的业务;甚至是数十年没有变化的汽车行业,也突然迎来新的进入者;电子商务和广告正在交融。尽管这些因素会导致分析过程更加复杂,但只要分析师合理应对,便会使其成为研究机构的新价值源泉。与其他板块研究团队和分析师保持联系,持续讨论,积极参与目标行业之外的公司推介活动,可能会帮助分析师尽早发现端倪。但也存在一种令人费解的现象,某些经验丰富、德高望重的知名分析师,有时也会以极其狭隘的视角看待目标行业,对可能发生的总体性结构变化视而不见。

3. 地缘政治动态

行业增长会受到各种地缘政治问题的影响。贸易战会加速进口替代;地缘政治意义上的经济制裁和进口关税,有可能会改变原材料来源;大选结果可能会导致某些产业政策发生翻天覆地的变化;中东紧张局势对石油价格的影响已成为共识。由于这些问题几乎无法预测,因此,合理预测潜在影响,并对不同结果进行多重情境测试,是一种非常实用有效的方法。此外,分析师应综合考虑这些事件可能带来的积极影响和消极影响。

4. 消费者行为的变化

消费者行为的变化会对行业动态产生重大影响。"千禧一代"和"Z时代"(1995—2009年出生的人)成员的消费模式已影响到很多行业。中国、印度和非洲消费者的涌现,正在改变全球消费的结构。在新冠疫情爆发后的世界中,我们已经看到很多显而易见的变化,譬如数字技术在老年人群中的普遍采用、办公室的搬迁和健康意识等。分析师往往只站在目标公司的视角看待事物，但他们的确有必要采取不同的视角——尤其是消费者的角度。

5. 技术变革的速度

这既是分析过程的一个难点，也可能给预测带来丰厚的高附加值，因而也是分析师无法回避的一个话题。可再生能源成本的降低不断改变着能源行业的投资组合。向 5G 移动网络的迁移可能会给整个供应链带来不同的竞争格局。LiDAR（光探测与测距）技术的改进会加快自动驾驶技术的实用化。尽管分析师已完全意识到这些变化将要发生的必然性，但往往会低估变化的速度。为尽早把握这些技术发展趋势，分析师可以查阅技术研究论文、参加行业会议或是与顶级工程师开展交流。尤其是根据相关领域顶级科学家和工程师的观点了解技术进步及进程，这是弥足珍贵的信息。

6. 多维变量

如果采用 5 年或 10 年的预测时段，很多事情都有可能发生变化。在考虑行业变化时，分析师需要考虑多方面因素，而不只是个别因素。在考虑数字银行的前景时，我们往往只会想到可以整合到手机应用程序中的新型服务，但大多数人仍会认为，我们将来依旧会采用与今天相同的智能手机硬件。但是在现实中，智能手机的外形、形式和功能注定会更加先进。如果真是这样的话，基于硬件技术的进步，银行可提供的服务或许会更加复杂。当然，我们无从知晓未来 5 年的智能手机将如何发展，或是数字银行服务会变成什么样。创造新商业理念显然不是证券分析师的任务。但关键是，影响企业或业务未来前景的绝不是某一个变量，而是若干相互影响的变量，因此，分析师应该避免以线性思维过度关注某个变量。

> **作者见闻**
>
> 1990年，我始终顶礼膜拜的一位著名技术分析师曾预测，平板显示器（液晶显示器，LCD）业务将达到100亿美元的市场规模，而基于NAND闪存芯片技术的音频设备将在10年内成为流行产品。当时，这两者还没有进入商业化阶段，而他已经对这些技术及其需求预测进行了超乎寻常的研究。我有幸参与了针对最初研究成果的讨论。坦率地说，由于这种分析方法往往会因过于详细琐碎而使人难以把握整体格局，我始终对这种事无巨细的研究方法略感怀疑。但这位分析师丝毫不被外界的声音干扰。他对未来有可能使用LCD的计算机、电视及其他显示器的市场需求进行了预测。此外，他还预测了年生产成本曲线的详细时间表。考虑到他了解所有参与过LCD研发的主要工程师，因此，这个预测完全是有依据的。10年之后，他的预测几乎全部兑现，其准确度之高，让我简直不敢相信自己的眼睛。迄今为止，这是我见过的最透彻、最充分也是最大胆的预测。

7. 外包趋势

企业的外包趋势造就了一个全新的业务空间——半导体代工、软件即服务（SaaS）、云服务、印度的IT服务、生物技术领域的合同制造组织（CMO，合同定制生产，起源于20世纪80年代后期，当时的全球经济衰退使很多制药企业将非核心或不具优势的生产和销售业务进行外包,从而降低企业自身运营成本,增强企业竞争力)、化妆品行业的合同制造(contract manufacturing,企业与其他制造商签订合同,并由该制造商生产产品,而企业负责产品销售的一种合作形式)、自有品牌食品、物业管理、分销与物流及人员资源服务等。如果一家公司能为某个流程制定事实上的行业标准,那么,这家公司就可以实现长期性可持续增长。不过,能占据这种地位的公司显然屈指可数。外包通常会加速行业整合,从而提高整个行业效率。如果目标公司能提供这种外包服务,那么,它就有可能在较长时期内持续超越行业平均水平;对使用这种外包服务的用户来说,则有可能在技术或成本等方面缩小与大公司的差距。而对行业中现有的主要大型参与者来说,外包服务只会让它们丧失部分业务。半导体行业的中央处理器(CPU)就是一个非常有趣的例子。当电动汽车制造商开始采用合同制造模式时,会给整个汽车供应链带来重大变化。这里需要提醒大家的是,即便是目前执行外包业务模式最成功的计算机行业,最初也是从垂直整合型行业模式开始的——也就是说,最初所有制造商均使用自己制造的CPU、操作软件和硬件。餐饮业正在兴起的共享中央厨房趋势,则是外包模式的最新潮流。

8. 行业的周期性

某些行业有明显的周期性,而且每个行业都有其特点。最典型的例证就是资本品业务,在经济周期的推动下,这个行业表现出深层次、高度可预测的周期性。大宗商品的周期性可能源于更复杂的驱动要素,而且价格波动体现出更明显的短期性和震荡性。技术硬件的周期性取决于产品周期、技术周期和库存周期等要素。而半导体行业的周期主要来自存储设备的供需,具有不稳定性,这使得半导体行业的周期性呈现出较大波动性。因此，分析师必须深刻理解这些行业历史上的周期变化规律。在对周期性行业进行预测时，分析师应对极端性年份的业绩进行合理调整，即，适当上调被市场明显低估年份的业绩，折减被市场明显高估年份的业绩。这也是第二章探讨收益驱动要素的过程中需要关注的一个重要环节。

9. 监管环境

行业监管水平、管制力度和变化可能会彻底改变这个行业的动态。在经历了 2008 年全球金融危机后，金融业的遭遇就是最好的例证。其他值得关注的示例包括互联网公司面对的数据隐私问题——这个问题必将严重影响到行业的长期发展轨迹；还有一个示例是针对酒精饮料的税收政策，政策的任何调整都将影响行业的发展。因此，在分析管制型行业时，必须时刻关注监管政策的变化。有必要强调的是，分析师还需关注国外相关政策的调整。

10. 模式识别

对于缺乏经验的新手分析师来说，这显然不是一个容易探讨的话题，但它的作用绝对不容忽视。模式识别（pattern recognition）的含义是，在你需要预测 B 国 A 行业的未来时，可以借鉴 D 国 C 行业以往的竞争动态、定价环境和监管变化等类似要素，并以此为线索进行合理推导。比如说，假设分析师的研究对象是中国的一家连锁餐厅公司，该公司通过品牌行动主义模式的营销方法吸引年轻顾客，并成功地实现了业务扩展。要预测这家连锁餐厅的未来前景，分析师要做的第一步，是在美国、日本或欧洲市场寻找类似公司作为比较基准；如果确实无法找到类似企业，可以在其他行业寻找相似的案例——譬如运动服装、时装甚至冰淇淋生产公司，看看它们是如何通过品牌行动主义营销策略实现业务发展的。总而言之，分析师必须认真挑选这个作为参照基准的"模式"，并充分认识到以模式为基础进行的外推是有限的。

在进行比较时，为两种模式选择合理的比较方式非常重要。比如，在讨论未来电动汽车行业是否会倾向于采用横向整合模式时，很多分析师很容易将它与智能手机行业的结构进行比较。但是这个分析的真正附加值的来源并不是对生产外包的比例进行简单对比，而是对整个市场的利润转移情况及横向整合的潜在动机进行比较。当手机市场从功能手机向智能手机转型时，整个行业自然会为用户带来更多实用程序，反过来，也为手机制造商创造了新的利润来源。这在一定程度上助推了智能手机行业的生产外包趋势。如果电动汽车行业也有类似动态，那么，它就有可能逐步过渡为横向整合模式。

合理方式	不合理方式
尽可能接触更多的人 ✔	✘ 急于锁定模式——应先打好基础
走出去，进行实地调查 ✔	✘ 线性思维——分析师需要了解变化
关注历史信息 ✔	✘ 缩小范围，只关注局部
合理定义潜在市场规模 ✔	✘ 误解现有企业应对变化时的不满
合理发挥模式识别的作用 ✔	

资料来源：高盛全球投资研究部。

第二章
评估不同行业的收益驱动因素

在每个行业，短期或长期收入和收益往往会取决于4~5个关键性因素。正确理解这些收益驱动因素，不仅有助于提高分析师的建模效率，而且可以帮助分析师更好地理解目标公司。显然，不同公司会拥有不同的驱动因素，这就要求分析师不能一概而论。在本章里，我们将为各主要行业的潜在收益驱动因素提供有价值的范例指南。需要注意的是，这些驱动因素会因行业环境的变化而变化，因此，分析师应从具体情况出发，确定最符合目标公司实际情况的收益驱动因素。

我们对重点行业按盈利模式进行了分类，具体包括如下几大类——高速增长型业务、长期增长型业务、周期性业务、周期性增长业务、稳定型业务、利率敏感型业务、管制型业务和企业集团。在介绍关于估值问题的第六章，我们就按相同的分类法展开讨论。各大类的命名来源是发达市场对相关行业的总体观点。因此，在高速成长的新兴市场中，生产必需性消费品的公司更有可能显现出长期增长行业的收益特征；但是在发达国家的成熟市场，这类公司会显现出稳定性行业的典型收益特征。因此，在本章里，它们被纳入到稳定性行业。表 2-1 简要概述了不同类别行业的收益驱动因素，供大家参考。

表 2-1　不同行业的收益驱动因素

行业与细分市场	需要关注的收益驱动因素
高速增长型业务	
互联网	• 营业额增长率 • 月活跃用户增长率 • 开发应用程序花费的时间 • 货币化比率 • 广告支出 • 获取新客户的成本 • 监管环境的变化
金融科技	• 营业额增长率 • 月活跃用户增长率 • 融资成本 • 信贷条款 • 平均贷款利率 • 获取新客户的成本 • 监管环境的变化
生物技术	• 药品的潜在市场规模 • 药品的批准程序 • 药品的临床数据 • 有关竞争性产品的消息 • 相关领域的并购 • 主要厂商之间的合作

（续）

行业与细分市场	需要关注的收益驱动因素
长期增长型业务	
软件	• IT 支出增长率 • 客户所在行业的收入增长率 • 赢得客户 • 市场份额的变化 • 客户的外包趋势 • 监管环境的变化 • 新型商业模式
医疗技术	• 患者数量 • 手术量 • 医院可接待患者的规模 • 临床数据 • 新产品的审批 • 监管环境的变化 • 医院的资本支出预算
周期性业务	
资本品	• 客户所在行业的需求 • 经济周期（例如工业生产周期） • 产品更替周期 • 环境法规
运输	• 客运量 • 运输能力 • 燃油价格 • 货运需求 • 融资成本
能源	• 原油价格 • 勘探项目的进度 • 炼油厂的需求和供给 • 资本支出周期

(续)

行业与细分市场	需要关注的收益驱动因素
周期性业务	
大宗商品	• 基础产品的需求和供给 • 产品库存 • 中间产品和副产品的需求和供给 • 采矿作业的中断 • 原材料成本的变化
化工	• 最终产品的需求 • 原料价格 • 产品定价 • 产能的扩张与利用 • 每个制造链的需求和供给 • 库存水平
汽车	• 新车型的研发周期 • 汽油价格 • 消费者情绪 • 利率 • 货币价值的波动 • 排放法规的变化
周期性增长业务	
半导体	• 内存的价格周期 • 资本支出周期 • 最终产品的需求预期 • 产品替代 • 工艺技术的变迁 • 大类内各细分产品的市场份额变化
电子元器件	• 最终产品的需求预期 • 客户的获取和丧失 • 库存水平 • 产品替代

(续)

行业与细分市场	需要关注的收益驱动因素
周期性增长业务	
技术硬件（企业层面）	• 客户支出 • 技术迁移 • 产品周期 • 客户的获取和丧失 • 货币价值的波动
技术硬件（消费者层面）	• 新产品周期 • 产品定价 • 市场份额变化 • 组件成本 • 货币价值的波动
清洁能源	• 资本支出 • 单价的降低 • 需求和供给 • 能源价格 • 政策变化 • 大型新项目的启动
稳定型业务	
消费必需品	• 消费趋势 • 渠道转移 • 市场份额 • 产品定价 • 气候
零售	• 新店面的开设 • 单个店面的收入增长率 • 自有品牌产品的增加 • 来自线上销售的竞争 • 新业态的开发 • 人工成本 • 租金成本

(续)

行业与细分市场	需要关注的收益驱动因素
稳定型业务	
非必需性消费品	• 产品周期 • 经济形势驱动的需求周期 • 市场份额变化 • 气候 • 新兴市场的需求增长
制药	• 主要药品潜在市场规模的变化 • 新药审批流程 • 相关领域的并购活动 • 医疗健康政策
媒体	• 消费者情绪 • 消费品公司的盈利能力 • 获取内容的成本 • 线上业务的竞争
商业服务	• 客户所在行业的业务趋势 • 外包趋势 • 竞争 • 成本上涨
利率敏感型业务	
房地产投资信托基金（REIT）	• 基础资产的占用率 • 租金费用的变化 • 资产的获取 • 融资成本的变化 • 政府政策
房地产开发	• 单位产品的销售额 • 单位价格 • 利率上限的变化 • 取得土地储备 • 入住率 • 股息收益率 • 融资成本 • 政府政策

(续)

行业与细分市场	需要关注的收益驱动因素
利率敏感型业务	
银行	• 贷款和存款的行业数据 • 利率 • 资本水平 • 流动性管理（贷存比率） • 利率风险管理、久期及利率敏感性 • 资产质量指标与信用风险管理 • 监管环境的变化
保险	• 保险费率的定价及索赔趋势 • 行业产品增长率 • 产品渗透率 • 新产品 • 监管环境的变化 • 保险准备金和资本金的法定要求 • 投资收益率
管制型业务	
电力	• 经济增长率 • 电费费率的变化 • 用电量 • 监管环境的变化 • 环境问题 • 能源组合的变化
电信	• 收费用户增长率 • 用户平均收入的变化 • 监管环境的变化 • 新进入者 • 定价 • 技术周期
多元化经营	
企业集团	• 请参阅本表中具有类似收益特征的具体业务

资料来源：高盛全球投资研究部。

高速增长型业务——互联网、金融科技及生物技术

互联网

这个目前被称为"互联网"板块的业务类别很可能会在几年内消失,因为它已经包含了越来越多具有独有特征的垂直业务,譬如广告、社交网络服务、电子商务、产品交付、娱乐、支付、教育、打车、旅游、保险和医疗保健服务等,我们已经很难把这些各具特色的业务全部归为同一类别。但这些业务大多都拥有一个共同点——不断提高的在线渗透率正在成为增长的核心驱动力。因此,分析师首先需要确定一个重要的假设条件,即,这些垂直行业在 5~10 年内的在线渗透率。而后,针对细分业务采用更详细的数据进行收益预测,这些数据包括营业额(GMV)增长率、月活跃用户(MAU)增长率、在应用程序或网站上投入的平均时间、收入转换率(take rate,即抽佣比例,平台以佣金和收费取得的净收入与总交易金额的比例)以及获取新客户的成本。

考虑到该行业的历史相对较短,官方的行业性数据较少,因此,分析师需要关注的是,对这类数据的定义往往因公司而异。还有一个关键点是盈利能力。在传统行业中,凭借定价优势和规模优势,占行业主导地位的企业往往可以实现更高的利润率。但是在这个高速增长的"赢者通吃"型行业中,盈利能力与成长性往往会形成此消彼长的关系。因此,即便是占据行业主导地位的顶级企业,有时也需要适当约束收益率,并以牺牲利润率为代价而换取更高的收益增长率。此外,与数据隐私和反垄断问题相关的监管压力,也会影响该行业主导企业的未来盈利

能力,只不过影响的程度尚无法确定。

分析师需要跟踪的驱动因素包括:①营业额增长率;②月活跃用户增长率;③开发应用程序花费的时间;④货币化比率;⑤广告支出;⑥获取新客户的成本;⑦监管环境的变化。

金融科技

巨大的潜在市场规模及其所面对的不同监管环境,使得金融科技(Fintech)呈现出与传统互联网行业不同的特征,成为一个需要与其他互联网业务分开讨论的重要领域。总体上,金融科技业务可划分为支付、借贷、财富管理和软件解决方案等几类。金融科技企业的基本目标,就是通过新技术和手机的普及率取代传统银行系统,尤其是通信网络质量在过去几年的改进,推动了金融科技业务的快速发展。考虑到巨大的潜在市场规模,多数大型互联网公司目前已开始关注这个领域。但这个领域也不乏采用新商业模式的初创公司。金融科技业务的基本盈利模式类似电子商务,即平台取得的净业务收入等于营业额与收入转换率的乘积;成本主要体现在融资、信贷和研发等方面。软件解决方案供应商的收益模型则类似于软件公司。一种有效的分析方法是研究不同的提供技术解决方案的初创公司——它们利用区块链技术大幅提高了流程的效率。金融科技企业与其他互联网企业的不同之处在于,某些金融科技公司在资本要求和贷款利率等方面受所在国的监管。由于监管法规会极大影响这类业务的发展前景,分析师必须认真了解当地法规的变化。

分析师需要跟踪的驱动因素包括:①营业额增长率;②月活跃用户增长率;③融资成本;④信贷条款;⑤平均贷款利率;⑥获取新客户的

成本；⑦监管变化。

生物技术

在生物技术这个类别中，分析师经常需要面对尚未进入实现收入阶段的新公司。对很多处于早期阶段的生物技术公司来说，它们可能还只有几款尚处于研发的药品，因此，了解每一款产品的开发细节至关重要。想预测一款新药的潜在收益能力，要求分析师合理评估靶向疾病的潜在患者规模、有关全球竞争性药品的全部信息、定价、潜在市场份额以及相关市场的预期批准时间。目标公司面对的竞争对手既可能是小型初创企业，也可能是全球巨头，或者兼而有之。在2020年开启的新型冠状病毒疫苗全球开发角逐中，这一点已经显示得淋漓尽致。从本质上说，即便在评估小型初创公司时，分析师也需要把握相关领域的全球药品开发情况。当然，与医生及关键意见领袖保持联络对评价临床阶段进展情况同样至关重要。公司价值可能取决于少数几款药品、相关药品的试验数据、新产品的发布以及审批结果等诸多环节，这些因素都有可能改变公司的长期盈利预测。因此，分析师需对目标公司及其竞争对手发布重要公告的潜在时间点制定时间表，对相应的关键数据点做出合理解释，并据此适当调整目标公司的长期盈利预测。

分析师需要跟踪的驱动因素包括：①药品的潜在市场规模；②药品的批准过程；③药品的临床数据；④有关竞争产品的消息；⑤相关领域的并购；⑥主要厂商之间的合作。

长期增长型业务——软件及医疗技术

软件

软件行业已成为推动社会数字化转型的基本动力,而且软件产品在整体IT支出市场中的比例也在持续提高,因此,该行业将继续拥有可持续的长期高增长能力。软件即服务(SaaS)、平台即服务(PaaS)、基础设施即服务(IaaS)以及公共云和私有云服务等订阅模式的普及,已大大降低了新进入者成为软件提供商的门槛,一旦进入市场,这些软件提供商就可以迅速扩大客户群,成为行业内的小型公司。很多高度专业化的细分市场参与者不断涌现,而且往往会展现出超高的收入增长率。只要与客户建立关系,很多软件公司即可取得主动定价权。考虑到高昂的前期研发成本和客户获取成本以及可观的边际盈利能力,随着客户的不断增加,公司即可实现明显的运营杠杆效应。

由于可获得的行业数据非常有限,因此,要跟着软件行业的盈利趋势并非易事。在这种情况下,分析师往往会依赖对专有客户的调查。对大型软件公司而言,主要垂直型客户(如金融、通信、消费和互联网行业)的IT支出速度和支出模式,是需要分析师密切关注的事情,而对小型软件公司来说,分析师需要关注获取特定客户的情况和这些特定细分市场的竞争动态。

分析师需要跟踪的驱动因素包括:①IT支出增长率;②客户所在

行业的收入增长率；③赢得客户；④市场份额的变化；⑤客户的外包趋势；⑥监管环境的变化；⑦新型商业模式。

医疗技术

医疗技术行业是一个覆盖范围非常广的领域，它包含大量的细分业务，譬如心脏病学、胸外科、外科、牙科、糖尿病、眼部健康、透析、神经调节、放射肿瘤学以及耗材供应等。在成像、传感器、控制、材料、软件、人工智能（AI）、3D打印和增强现实（AR）等赋能技术持续进步的推动下，整个行业的创新不断加速。总体而言，医疗技术对经济周期具有较强抵抗力，高技术壁垒和转换成本为行业提供了非常稳定的定价环境。但这些优势会被报销限制和客户杠杆抵消。

影响收入的主要因素包括就诊数量（人口老龄化）、医院的资本支出周期以及公司的新产品开发周期。目前增长尤为显著的领域有机器人手术、微创心脏病学类别以及连续血糖监测仪、视力保健及其他微创手术的传感器。向新兴市场渗透是医疗器械企业的另一个增长来源。监管机构对新产品的批准是分析师必须关注的关键事件。此外，大规模诉讼也是一个重要的风险因素。

分析师需要跟踪的驱动因素包括：①患者数量；②手术量；③医院可接待患者的规模；④临床数据；⑤新产品的审批；⑥监管环境的变化；⑦医院的资本支出预算。

周期性业务——资本品、运输、能源、大宗商品、化工及汽车

资本品

资本品主要包括机床、自动化设备、工程机械、大型船舶、机车车辆、采矿设备及其他类型的制造性设备,资本品公司的收益具有较强周期性。收益往往与工业生产等经济活动同步发生变化。在良好的行业环境下,由于这类产品的大多数用户开始增加产能,于是,市场对资本品的需求会大幅上升。相反,如果行业环境相对不利,这些用户就会停止采购设备。资本品设备通常每隔 5~10 年更换一次,由此会导致整个行业呈现出持续若干年的上升与下跌周期。但如果某个研究公司或第三方机构预测该行业会出现连续超过 5 年的上涨或下跌,那么,分析师就应对此保持怀疑态度。紧缩性环境法规等因素有时也会加速设备的更替周期。此外,根据产品性质,部分资本品具有超前周期性,还有一部分资本品则具有滞后周期性。

分析师需要跟踪的驱动因素包括:①客户所在行业的需求;②经济周期(例如工业生产周期);③产品更替周期;④环境法规。

运输

运输业板块主要包括航运、铁路和航空公司。公司收益往往由运输量、运输能力、单位运输价格和燃料价格所决定。考虑到运输业具有固定成本较高的属性,因此,收益具有高度不稳定性。此外,票价和交通

工具租赁费等单位服务价格的短期波动，会进一步放大总体收益的波动性。燃料成本的变化也会增加盈利能力的不稳定性。与资本品公司相比，运输公司的盈利周期通常更短，因为前者需要预先投入大量资本且有较高的财务杠杆。融资成本的变化也是需要分析师密切关注的事项。

分析师需要跟踪的驱动因素包括：①客运量；②运输能力；③燃料价格；④货运需求；⑤融资成本。

能源

能源类公司盈利的主要驱动因素就是原油和液化天然气（LnG）价格。能源公司通常会持有不同层次的资产，包括处于产业链上游的勘探、炼油厂、管道以及产业链下游的化工及输送业务等。如果目标公司持有上游资产，那么，勘探项目的进度将成为影响盈利稳定性的重要因素。对从事炼油业务的目标公司而言，由于炼油业务本身有相对独立的供需动态，因此，公司盈利未必与原油价格挂钩。输送业务可能会受到地方政府政策变化的影响。考虑到能源行业规模巨大，因此，为勘探过程提供各种支持的油气服务行业也是一个重要的分支。该分支业务的盈利性在很大程度上依赖于石油和天然气公司的资本支出周期，因此，其收益通常较为稳定，盈利变化模式类似于资本品板块。

分析师需要跟踪的驱动因素包括：①原油价格；②勘探项目的进度；③炼油厂的需求和供给；④资本支出周期。

大宗商品

对钢铁、铜和铝等基本金属行业来说，产品的潜在供需特征是决定公司盈利的最重要驱动力。而了解全球大宗商品行业供给的真实情况并非易事，因为大多数公司并不公开披露其生产水平。铁矿石和焦煤价格等原材料成本及能源成本也是影响收益的重要因素，但跟踪这些价格相对较为简单。考虑到大宗商品的使用非常广泛，因此，其周期性往往与工业生产具有较强同步性。

分析师需要跟踪的驱动因素包括：①基础产品的需求和供给；②产品库存；③中间产品和副产品的需求和供给；④采矿作业的中断；⑤原材料成本的变化。

化工

化工行业的收益驱动因素类似于基本金属。对处于行业上游的大宗化工产品来说，收益主要取决于宏观环境以及行业层面的供需驱动。石化板块由五条制造链构成：烯烃（乙烯和丙烯）；乙烯基（聚氯乙烯，即 PVC；氢氧化钠）；橡胶（合成橡胶和乳胶）；苯（苯乙烯、丙烯腈 - 丁二烯 - 苯乙烯，即 ABS）；聚酯（聚对苯二甲酸乙二醇酯，即 PET），每个链条的供需动态往往各不相同。

要对化工行业进行相对准确的收益预测，按季度进行详细的供需分析至关重要。下游的特种化工产品主要受终端产品需求的影响，如家居用品、汽车、半导体和显示器。对这类产品，一旦突然出现供给短缺（譬如主要制造商停产），就有可能会导致产品价格大幅上涨。这显然有利于增加同产品类别中其他制造商的收益；但如果制造商的原料价格上涨，则会给制造商的盈利造成负面影响。此外，因为公开披露的总产能数据并不一定代表实际生产能力，因此，分析师需要持续关注产品的

"真实"全球供给能力。

分析师需要跟踪的驱动因素包括：①最终产品的需求；②原料价格；③产品定价；④产能的扩张与利用；⑤每个制造链的需求和供给；⑥库存水平。

汽车

汽车需求往往取决于消费者情绪、燃油价格和利率等因素。这些因素不仅会影响汽车销量，还会影响到销售汽车的结构。在油价下跌时，燃油经济性较低的大型汽车往往更有市场。由于大多数人以贷款方式购买汽车，因此，高利率通常会抑制汽车需求。在所有国家，排放规定的调整都会影响汽车产品的替换周期。考虑到这个行业的全球化性质，汇率也是影响供应商收益的重要因素之一。某些新兴国家为购买汽车提供政府补贴，以达到刺激经济的目的。

在公司层面，车型调整周期是影响收益的重要因素。成功推出新车型的公司往往会在新产品上市当年获得更多的市场份额。大多数汽车制造商会面向全球市场销售产品，而且会在不同国家设生产基地，因此，汇率波动会对他们的收益产生很大影响。电动汽车的出现改变了汽车企业的盈利结构。目前，由于电池及开发成本居高不下，因此，大多数汽车制造商在电动汽车业务上均处于亏损状态。但电池成本的持续降低以及政府对电动汽车采取的补贴政策，使得这项业务的未来极为光明。

分析师需要跟踪的驱动因素包括：①新车型的研发周期；②汽油价格；③消费者情绪；④利率；⑤货币价值的波动；⑥排放法规的变化。

周期性增长业务——半导体、电子元器件、技术硬件及清洁能源

半导体

半导体行业几乎已成为推动整体科技进步的一个关键要素。由于线宽的缩小及其他先进工艺技术的采用,半导体性能每年都在改善,以更低的成本提供更强的处理能力和更大的内存容量。因此,需求和供给(体现为市场对芯片在速度和晶体管密度方面的需求以及供应商的产量方面)目前均处于高速增长的状态。为实现技术进步和满足需求量的增加,半导体公司每年都有巨额的资本支出和研发费用。DRAM 和 NAND 等存储设备(用于存储数据)属标准化产品,依据当前供需情况看,价格波动有加剧的趋势。内存市场目前由 3~4 家全球大型企业主导。CPU 和图形处理单元(GPU)等逻辑设备(用于计算数据)日趋专业化,越来越多地由无晶圆厂公司(fabless company,又称 IC 设计商,指那些仅从事晶圆、芯片设计、研发、应用和销售并将晶圆制造外包给专业晶圆代工厂的半导体公司)设计,并由代工厂制造。由于很多逻辑产品针对特定最终产品而设计,因此,其价格波动性往往低于存储设备。

半导体生产设备(SPE)也是驱动工艺技术创新核心部分的一个主要产业。考虑到它具有资本品的性质,因此,其收入的波动性远远高于内存,但这种波动主要源自数量变化而非价格变化。影响半导体行业周期的一个重大驱动因素,就是终端市场产品的重大技术转型,包括新一

代智能手机的推出以及经济形势的衰退。在公司层面，尽管竞争动态不会迅速发生改变，但分析师应充分关注中期市场份额变化对未来盈利趋势的影响。随着时间的推移，中国高端技术的高速发展，必将改变以往由美国和日本主宰这个领域的行业格局。

分析师需要跟踪的驱动因素包括：①内存的价格周期；②资本支出周期；③最终产品的需求预期；④产品替代；⑤工艺技术的变迁；⑥大类内各细分产品的市场份额变化。

电子元器件

电子元器件行业包括多种多样的类别。有些类别涉及复杂的工艺技术——譬如LCD、有机发光二极管（OLED）和多层陶瓷电容器（MLCC）等。电子元器件业务与半导体具有相似的收益特征，因为两者都可以通过工艺迁移获得长期稳定的效率收益，都要持续面对来自最终产品的价格压力，而且均属于资本密集型产业。电机、镜头、传感器和执行器等机械零部件的收益主要取决于最终产品的发布时间、产品需求、库存水平以及零部件公司的定价能力。在这个细分市场中，设计的成功与失败往往会导致市场份额频繁变化，因此，分析师应逐月跟踪公司的收入趋势。

分析师需要跟踪的驱动因素包括：①最终产品的需求预期；②客户的获取和丧失；③库存水平；④产品替代。

技术硬件（企业层面）

在企业层面，硬件的主要类别当属通信设备，例如基站、交换机和路由器等。这些公司的盈利主要由电信运营商的资本支出决定。电信运营商的资本支出周期受经济影响较小，对于其最主要的影响因素是每隔几年发生的全行业全球技术迁移，譬如4G技术和5G技术的推出。企业层面的其他主要技术还有服务器和存储设备等，这些产品的盈利来源主要为大公司的IT支出。随着云服务外包趋势的盛行，少数大型云服务公司将成为此类资本支出的主要承担者，因此，企业硬件业务的盈利趋势开始越来越多地依赖于个别公司的资本支出周期。考虑到行业的全球性，汇率也是分析师需要格外关注的事项。

分析师需要跟踪的驱动因素包括：①客户支出；②技术迁移；③产品周期；④客户的获取和丧失；⑤货币价值的波动。

技术硬件（消费者层面）

随着时间的推移，消费技术行业的主要产品出现变化。该细分市场以往始终以PC相关产品为主，而目前的主要产品当属智能手机。未来的主打产品可能会变成可穿戴设备，包括智能手表、高级耳机、智能眼镜和虚拟现实（VR）设备等。不过，每一轮周期都会发生难以预料的变化，因而很难精准判断"下一件大事"到底会是什么。但是在过去的50年中，"下一件大事"始终是推动行业增长的最大动力。

在这个细分市场上，最大的收益驱动力当属产品周期。产品的市场份额会因为消费者的需求而频繁变动，进而影响到整个供应链。考虑到这些技术产品的消费品属性且市场需求具有较强季节性，因此，12月和圣诞节通常会成为全年收入的最大贡献季。近年来，中国特有的假期

（如春节、国庆黄金周等）为全球消费型科技产品增加了额外的需求爆发期。此外，DRAM、NAND、MLCC 和 LCD 等组件的成本以及汇率也会影响这类产品的盈利能力。

分析师需要跟踪的驱动因素包括：①新产品周期；②产品定价；③市场份额变化；④组件成本；⑤货币价值的波动。

清洁能源

清洁能源领域的主要产品包括太阳能电池板、电动汽车电池、风力涡轮机、智能电网设备以及相关组件。由于脱碳呼声与政治压力不断增强，这个市场的未来潜在增长机会非常可观。在某些阳光相对充足的国家，太阳能电池板等产品对传统能源具有明显的相对成本优势，因而并不需要额外给予扶植。但是要和传统的内燃机抗衡，电动汽车电池还需降低成本。但无论如何，要兑现巨大的潜在市场需求，都需要这些产品的制造商继续降低成本。考虑到此类产品的技术壁垒并不高，因此，分析师需紧密跟踪制造商数量增加造成行业供过于求的可能性。此外，任何政策变化都可能对清洁能源企业的收益产生重大影响。从历史上看，低油价会导致清洁能源的资本支出速度放缓，但考虑到世界各国过去几年在碳中和方面做出的承诺，这种影响或许不会那么显著。

分析师需要跟踪的驱动因素包括：①资本支出；②单价的降低；③需求和供给；④能源价格；⑤政策变化；⑥大型新项目的启动。

稳定型业务——消费必需品、零售、非必需消费品、制药、媒体及商业服务

消费必需品

根据其定义，对食品、饮料和家居用品等消费必需品的需求对经济周期的敏感性较低。在大多数发达国家，此类产品的市场增长空间已非常有限。因此，消费必需品公司可以通过产品升级、增加新产品、地域扩张以及并购（M&A）增加收益。因此，分析师需密切关注每一种产品的市场份额趋势，尽可能了解市场份额出现某种变动的原因。除了数据研究公司提供的市场份额数据之外，互联网上发布的实时库存单位（SKU）和定价数据也会为分析师提供有价值的信息。气候也是啤酒和软饮料等某些产品的重要的需求波动因素。从长期看，健康意识的增强、社交网络服务（SNS）带动的小众品牌以及新兴国家的消费升级，都是影响消费必需品的潜在趋势。

分析师需要跟踪的驱动因素包括：①消费趋势；②渠道转移；③市场份额；④产品定价；⑤气候。

零售

影响零售公司的主要收益驱动因素包括新店面的开设速度和现有店面的收入增长（同店增长）。同店销售增长的动力主要是消费者行为和竞争动态。因此，分析师需要密切跟踪每一家公司的月度同店增长数据，并对导致趋势变化的原因进行分析。尽管零售公司的毛利率相对稳

定，但劳动力成本和租金变化会影响其盈利能力。来自在线公司的竞争已成为该行业面临的最大挑战。零售公司的中期盈利前景在很大程度上取决于其抵御在线竞争威胁的能力。便利店和专卖店的弹性相对较强，但缺乏差异化的百货商店更容易受到在线业务的冲击。目前一个非常有趣的话题是：生鲜食品产品到底会形成多大的在线渗透率。有些零售商已开始增强在线业务，有些零售商则选择与在线平台进行合作或是被收购。

分析师需要跟踪的驱动因素包括：①新店面的开设；②单个店面的收入增长率；③自有品牌产品的增加；④来自线上销售的竞争；⑤新业态的开发；⑥人工成本；⑦租金成本。

非必需性消费品

非必需性消费品包括家具、白色家电、奢侈品、服装、休闲、餐饮和娱乐服务等，其收益主要受经济周期影响。考虑到消费者在可支配收入较高时更有可能购买这些产品或服务，因此，相比于其他与消费者相关的产品，此类产品的收益更具有顺周期性。在个别公司层面，新产品周期和市场份额变化是盈利的重要驱动因素。此外，对家具和白色家电的需求还会受到房屋开工的影响。气候或温度是影响服装、休闲和娱乐等行业的重要需求因素。尽管分析师无法准确预测气候，但是在分析月收入的同比变化趋势时，有必要了解过往的气候模式。目前，新兴市场需求已成为奢侈品、白色家电和服装等某些细分市场的重要增长驱动力。

分析师需要跟踪的驱动因素包括：①产品周期；②经济形势驱动的

需求周期;③市场份额变化;④气候;⑤新兴市场的需求增长。

制药

制药企业的盈利能力依赖其主打产品的销售情况,因而在短期内不会出现大幅波动。新药批准、药品报销价格的变化以及竞争性药品的出现是重要的收益驱动因素。当一家公司的药品专利到期时,往往会出现低成本仿制药品,这就会造成目标公司产品的市场份额大幅减少。与法律纠纷相关的成本同样不可忽视。因此,在预测制药企业的长期收益时,分析师需获取包含全球主要药品长期走势的大型数据库,并根据竞争格局的变化进行持续更新。在大多数情况下,这些修订或更新对大公司而言可能微不足道,但非经常性临床数据或新发明的出现可能会对大公司未来收益带来重大影响。因此,预测此类公告并对其潜在影响进行评估也是分析师需要处理的重要事项。

分析师需要跟踪的驱动因素包括:①主要药品潜在市场规模的变化;②新药审批流程;③相关领域的并购活动;④医疗健康政策。

媒体

对于电视、有线电视、卫星电视、广播、唱片公司及出版商等媒体公司,其收益主要取决于广告收入、订阅数量以及制作或获取内容的成本。对汽车、家居用品、食品和饮料等大型广告商,广告预算通常与公司盈利能力成正比。尽管媒体行业的订阅量通常会在整个经济周期中保持相对稳定,但是与零售行业相似的是,"传统"公司正在遭遇在线娱乐平台的威胁。由于获取内容的成本已成为影响媒体公司盈利能力的重要因素,因此,面对不断增加的在线平台,越来越多的传统视频企业开始提供订阅视频点播（SVOD）服务，最大程度维护自己的潜在市场。此外，有些大型内容供应商已开始直接为消费者提供内容服务。

分析师需要跟踪的驱动因素包括：①消费者情绪；②消费品公司的盈利能力；③获取内容的成本；④线上业务的竞争。

商业服务

商业服务板块涵盖的范围非常广，包括人事服务、办公室管理、物流、餐饮、清洁和安全等诸多领域。从本质上看，这些服务允许客户公司对非核心业务实施外包，以达到降低固定成本和专注核心竞争力的目的。尽管商业服务品类繁杂，很难一概而论，但外包趋势已成为行业增长的关键驱动力，而且其盈利能力通常受经济周期影响较小。由于企业通常会把难以实现差异化的部分业务外包，因此，它们往往具有明显的劳动密集型特征，导致进入门槛较低。在这种情况下，商业服务行业的成功在很大程度上依赖于规模和执行力。

分析师需要跟踪的驱动因素包括：①客户所在行业的业务趋势；②外包趋势；③竞争；④成本上涨。

利率敏感型业务——房地产投资信托基金、房地产开发、银行及保险

房地产投资信托基金（REIT）

房地产投资信托基金是指通过发行收益凭证汇集多数投资者资金并由专门投资机构进行不动产投资，其操作方式类似于固定收益工具，投

资者按投资收益比例取得稳定的现金红利。REIT通常把全部净利润支付给投资者。很多房地产投资信托基金向发起人收购不动产，而且经常通过对外发行股份为收购提供资金。分析师需关注基础资产的现金流创造能力，尤其是影响现金流创造能力的入住率及租金费率等参数。每个REIT均有不同的基础资产组合，如办公楼、住宅楼、零售用途物业、工业用途物业和医院，不同基础资产拥有不同的商业周期。尽管REIT的业绩应与经济周期有一定相关性，但由于租赁合同通常跨越若干年份，因此，基金收益相对较为稳定。在这个领域中，物流REIT和数据中心REIT属于新兴成长领域。此外，融资成本也是影响收益的重要因素。

分析师需要跟踪的驱动因素包括：①基础资产的占用率；②租金的变化；③资产的获取；④融资成本的变化；⑤政府政策。

房地产开发

房地产开发业务包括开发商业务和房产出租业务。房产出租业务具有稳定的经常性收入，因此，分析师应重点关注入住率和租金费率。相比之下，由于公司在项目完成时就已经计提大笔利润，使得房地产开发业务的盈利波动性很大。资金可用性是影响房地产开发业务的关键要素，因此，在市场利率处于较低水平时，行业相对较为活跃。在中国等国家，住房政策已成为影响经济增长的重要工具。在这种情况下，分析师应特殊关注政府的贷款调控导向。

分析师需要跟踪的驱动因素包括：①单位产品的销售额；②单位价格；③利率上限的变化；④取得土地储备；⑤入住率；⑥股息收益率；

⑦融资成本；⑧政府政策。

银行

银行业收益通常与所在地域的宏观经济环境、利率周期及其面对的公司群体有关。银行的大部分收益来自利息净额，即银行向贷款客户收取的贷款利息收入与其为获得资金所支付的储蓄利息成本之间的差额。此外，银行还会出售其他金融产品（保险、资产管理以及财富管理等），由此获得的收费成为非利息收入增长的核心。导致银行业周期性变化的最大驱动要素就是坏账，或者说信用质量对经济周期的适应能力。银行通常被视为具有顺周期性，因为它们不仅会反映商业周期的周期性，而且相对资产负债规模而言，实收资本非常有限。在这种情况下，资产质量的微小变化即有可能马上招致损失；如果损失达到一定程度，就需要进行资本金水平测试。需要分析师给予同等关注的，是这些金融产品在经济体中的渗透率，以及相对经济体基础增长率而言的贷款增长率。最后，分析师还应牢记，银行业资产负债表与利润表之间的关系密不可分，毕竟，政府有权决定银行的必要资本金水平和准备金水平。因此，针对这些资金水平的监管政策变化，会对银行增加贷款和利息收入的能力产生重大影响。此外，银行资产负债的杠杆天性也进一步强化了顺周期性。

分析师需要跟踪的驱动因素包括：①贷款和存款的行业数据；②利率；③资本水平；④流动性管理（贷存比率）；⑤利率风险管理、久期和利率敏感性；⑥资产质量指标与信用风险管理；⑦监管环境的变化。

保险

保险业通过对未来风险事件提供赔付性保护而换取当期保费收入，保险业务主要包括人寿保险、财产保险及意外保险（火灾、汽车及房屋等）。保险承保业务通常也具有周期性，其盈利能力则主要取决于行业目前持有的资本水平，但是和银行相比，相同的指标更趋于稳定。决定收益增长的主要变量为被保险基础资产的增长率及其在经济中的渗透率。很多新兴市场仍处于渗透初期。由于被保险基础产品各不相同，因此，分析师应特别关注基础资产的结构，以识别主要的收益驱动因素。例如，如果被保险基础产品中包含储蓄和投资，那么，分析师就有必要了解保险浮存金（收取保费与支付索赔之间的差额）在期限和利润分成等方面的经济机制，以精确校准保险公司的收益。资产负债率及资本金水平通常会受到高度监管，因此，分析师需要与精算师及其他专家保持联系，及时了解保险准备金及资本金法定要求的动态以及产品组合的变化，并判断这些因素会对保险公司未来的盈利能力造成什么影响。

分析师需要跟踪的驱动因素包括：①保险费率的定价及索赔趋势；②行业产品增长率；③产品渗透率；④新产品；⑤投资收益率；⑥保险准备金和资本金的法定要求；⑦监管环境的变化。

管制型业务——电力及电信

电力

电力行业主要包括发电、电力输送和燃气输送等业务，企业盈利能力主要取决于电力需求、电价变化以及投入成本变化等因素。在很多情况下，电力公司属于垄断企业，并受到政府的严格监管。电费费率通常按现行法规规定的公式确定，而影响数量的主要驱动因素则是经济活动的活跃性和气候模式。由于煤炭、天然气和石油等投入品的价格具有波动性，因此，电力成本往往也会随之波动。另外，由于核电站的发电成本相对较低，因此，暂停核电发电将对电力行业的总体盈利能力造成负面影响。考虑到全球减少二氧化碳排放量的呼声愈演愈烈，因此，电力公司正在加大对风能及太阳能发电项目的投入，这无疑会改变行业未来的盈利结构。

分析师需要跟踪的驱动因素包括：①经济增长率；②电费费率的变化；③用电量；④监管环境的变化；⑤环境问题；⑥能源组合的变化。

电信

电信行业的主要收益驱动因素包括用户增长率和每个用户的平均收入（ARPU）。在大多数发达国家，移动用户已趋于饱和，使得 ARPU 要面对减少的压力。但未来几年的技术升级（如 5G 技术的推广），将为电信运营商提供以改善性能服务而增加 ARPU 的机会。但是提高收费价格显然并非易事，毕竟，手机收费已成为人们可支配收入中的重要开支，是事关国计民生的事情。在印度等某些国家可以看到，为取得容量而进行的频谱拍卖，可能会给电信运营商的未来现金流造成巨大负担。此外，市场的新进入者也会进一步对 ARPU 造成打压，这也是最近在印度和日本出现的情况。考虑到核心业务面临的竞争与挑战，电信公司目前主要在两个领域寻求新的增长点：一个是为消费者提供娱乐及媒体服务，以充分利用其现有的巨大客户网络优势；另一个则是充分利用已有的主要基础设施，为企业客户提供增值型通信基础设施服务。不过在现阶段看来，这些新业务领域能否在未来实现盈利还不得而知。

分析师需要跟踪的驱动因素包括：①收费用户增长率；②用户平均收入的变化；③监管环境的变化；④新进入者；⑤定价；⑥技术周期。

多元化业务

企业集团

企业集团公司通常有如下两种类型：①直接拥有大量业务线的同一法人实体；②拥有多项独立资产的投资控股公司。按照目前的情况，在全球范围内，第一类企业集团正在越来越多地剥离"非核心"业务线，转而在"核心"业务线之间寻求协同效应，以减少集团层面的估值折扣比例（参见本书第六章针对估值的讨论）。第二类企业集团中的部分企业通过合理、有效的资产剥离及收购为股东创造价值。但无论对哪类集团，都需要分析师像对待单体公司那样，进行全面、深入的分析。由于个别企业集团的信息披露可能非常有限，因此，与其他版块专家的合作尤为重要。考虑到目标公司的复杂性，在对企业集团的个别业务进行研究时，很有可能会获得被市场忽略的价值发现机会。

分析师需要跟踪的驱动因素包括：要了解企业集团中个别业务的收益驱动因素，请参阅本章中具有类似收益特征的其他具体业务。

合理方式	不合理方式
了解行业独有的收益特征 ✓	✗ 忽视宏观趋势
了解行业的收益驱动因素 ✓	✗ 轻视监管风险的重要性
通过适当的统计数据跟踪收益驱动因素 ✓	✗ 不能及时发现收益驱动因素结构的变化
了解收益对不同驱动因素的敏感性 ✓	

资料来源:高盛全球投资研究部。

第三章

识别公司的"个性"

在对目标行业进行研究之后,分析师的下一项任务就是了解目标公司。这项任务的目标是确定公司的"个性":它是谁、它做什么、它如何赚钱以及如何成长。这个步骤相当于为首次公开募股(IPO)公司创作股权故事。通过深入挖掘,分析师可以找到无法从财务报表上获得的细节信息。当然,公司的"个性"会随着时间的推移而变化,并导致公司的价值发生变化。而对分析师来说,这或许是证券分析研究过程中最有趣的部分之一。

产品与服务

在做行业研究时,分析师需从行业角度对产品和服务进行广泛研究。在此基础上要进行的下一个步骤就是在目标公司层面分析,尤其要关注与其他竞争产品及服务相对而言的优势和劣势。这一点在分析工业产品时尤为明显，在机械结构、制造工艺、原材料、产品单价以及客户水平等方面与竞争对手进行认真比较，是分析目标公司竞争护城河和盈利能力的重要前提。如果公司的业务是为消费者提供服务，分析师还需退后一步，从消费者角度了解这项服务的价值主张，而不是完全接受公司所说的价值主张。

起源与历史

当研究进入这个阶段时，了解公司现状并展望未来并不困难，但退一步研究公司的历史同样重要，因为这可以让分析师更好地了解公司DNA。例如，A公司和B公司的目前状况非常相似，生产和销售完全相同的产品。但A公司的最初业务是做这款产品的分销，而后逐步进入产业链上游，成为生产商；而B公司则是由从事技术设计的研究机构逐步发展成为制造商。因此，它们在业务组合、地域扩张、新产品开发以及收购等方面的决策很有可能会不同。另一个例子是，C公司和D公司在一款高科技产品上具有相似的技术水平，其中，C公司来自一个本地市场容量有限的小国，而D公司则发源于一个利润丰厚且本地市场容量巨大的大国。在产品市场逐渐实现全球化的过程中，由于D公司始终瞄准全球市场，因此，D公司在获得全球市场份额方面的脚步应快于C公司。此外，还可以通过企业历史的其他方面深入了解目标公司，譬如竞争水平、业务结构的变化、与客户的议价能力以及管理层的变化等。

管理概况

有一点是显而易见的——CEO 的个性、能力和业绩会对公司战略、企业文化和经营绩效产生巨大影响。在分析一家公司时，分析师应投入大量时间研究 CEO 的个人情况。如果他们曾出版过书籍、发表过文章或是接受过采访，甚至是与工作无关的活动，分析师都应有所了解，这些信息是了解他们的最佳起点。业内其他公司的高管人员也可以是了解目标公司管理团队的有价值的信息来源。但不管怎样，分析师应尽可能收集和研究多个信息来源，避免产生任何偏见。如果有机会直接接触 CEO，不妨找时间与他们共同探讨个人的长期愿景和追求。尽管通过商业计划书可以获得大量信息，但只有进行面对面的无障碍沟通，分析师才能真正了解他们的个人愿景与抱负。不要浪费宝贵时间与他们讨论投资者关系之类的具体问题，因为分析师完全可以通过具体负责人得到更具体、更详细的解答。与首席财务官和部门负责人等关键高管人员会面，有助于分析师衡量公司管理能力的深度。

所有权结构

公司的大部分特征取决于公司的所有者和控制者。创始人、政府、家族成员、私募股权、集团所有权以及活跃股东等持有的所有权，会给公司管理层带来不同的激励。虽然完全按股权为公司性质定性显然是有风险的，但是充分了解公司股权持有人绝对是企业分析的重要组成部分。尤其是分析不太知名的大股东时，这一点尤为重要，分析师必须想方设法了解他们的诉求。复杂的所有权结构也会影响公司估值，比如韩国的财阀（大型企业集团）公司就会出现这种情况。

价值链

当分析师深入分析一家公司时，尤其是与同行企业进行比较时，会逐渐揭示出目标公司在价值链中最擅长的部分。能在价值链的每个环节上都做到尽善尽美的公司屈指可数，但成功的企业注定会在某个环节出类拔萃。确定公司的真正竞争优势来自价值链中的哪个环节——譬如产品创新、产品质量、客户服务、品牌力、专利、渠道管理、制造成本、原材料采购或是物流，显然是预测公司未来盈利能力的重要前提。

假设有两家消费电子公司，其中，A公司始终擅长推出具有时尚设计风格的创新产品，而B公司则始终拥有高质量的产品，但产品略显呆板而且缺乏创新性。站在消费者的角度看，人们可能会认为，A公司应该有更好的前景。但是在现实中，广泛的分销渠道和更先进的库存控制系统，让B公司拥有更稳定的财务业绩。虽然这不只是仅凭利润表就可以掌握的信息，但是通过对同行业公司进行彻底分析以及与行业专家的广泛讨论，分析师会获得一些启发。一种可行的分析方法是将投资资本的现金收益率（CROCI）分解为资产周转率、利润率和现金转换率等要素，从而在细分层面进行同行业比较。通过分析这些指标高于或低于同行业公司的原因，分析师可以获得一个合理的研究起点。（本书第六章将在估值背景下对CROCI展开详细讨论。）

有些公司认为"轻资产业务模式"有利于自己，但这种说法成立的前提，是公司可把无相对竞争力的业务进行外包，然后把精力集中于能打败竞争对手的业务。因此，放弃价值链的一部分，并不一定会让公司比同行更有效率、更赚钱。

竞争护城河

在所有公司分析中，最重要的环节就是确定它是否拥有竞争护城河。公司拥有最多的市场份额是具备这种优势的结果，但不是原因。因此，分析师需要研究目标公司为什么会拥有这样的市场份额。此外，分析师还要合理区分两类公司：有些公司只是在短时间内恰好在合适的时间出现在合适的市场；而有些公司则拥有可持续的竞争护城河。正如我们在讨论价值链时所言，每一家公司都有其优势和劣势。问题的关键在于，这些优势是否足以为公司创造出可持续的竞争护城河。最明显且最有效的竞争护城河包括品牌、专利权和业务平台。当然，要创建强大的品牌、平台或是可靠的专利组合需要很长时间，而且获取成本也非常高。因此，奢侈品牌、制药公司（专利权）、半导体代工厂（业务平台）和电子商务平台通常可以享有可持续性的超额利润。

转换成本也可以成为公司强大的竞争护城河。在高科技领域的企业对企业（B2B）业务中，如半导体生产设备、医疗设备或企业软件，由于用户的转换成本相对较高，因此，其他公司很难侵蚀头部公司占有的市场份额。在产量、门店数量以及用户数量等方面形成行业优势，也可以成为竞争护城河的来源，但更重要的是要了解它们为什么能取得这种优势规模。如果仅仅凭借先发优势取得领先地位的市场份额，那么，目标公司目前的优势或许并不稳固。地理位置和国家法规也可以成为竞争护城河。例如，由于地理位置相对偏远，而且人口密度相对较低，因此，与其他发达国家相比，全球在线零售商对澳大利亚零售业的渗透速度很有限。此外，还有很多不为多数人关注的竞争护城河，譬如创新能力、创意营销、强大的渠道关系和严格的执行力。归根到底，要理解这些护城河的坚固程度，还需要分析师投入更多的精力。

跟踪以往的战略决策

对分析师来说，回顾公司以往采取的关键性战略决策也是了解目标公司的一个重要方式。当发现新的市场机会时，目标公司在资本支出、广告支出或收购扩大业务方面的力度如何？为寻求发展壮大，目标公司的对策是在新领域推进多元化经营，还是通过强化核心领域以获得更多的市场份额？公司在意识到新项目会失败后是否足够快地退出新项目？在发展过程中，公司是冒着更大的风险而成为技术领导者，还是为了更安全的盈利能力而坚守固有产品？由于这些决策特征在短期内不太可能发生变化，因此，分析师可以假设，目标公司未来会继续采取类似的战略路径。

不同国家和地区的企业文化

将目标公司总部所在地的文化视为企业文化，显然过于简单和泛泛，但是在每个地区，都会存在某些与企业文化相关的总体趋势，因此，在分析目标公司的战略要素时，研究这些总体趋势显然有助于分析师理解公司特有的文化。这是可以通过经验掌握的知识。美国公司通常非常关注资本效率和股东回报；欧洲公司倾向于追求全体利益相关者的利益均衡；中国公司往往决策迅速，敢于尝试新事物；日本公司则痴迷于追求产品质量，但决策速度相对较慢；韩国公司的一个重要特征就是设定高目标，而且愿意大刀阔斧地变革。但分析师显然不能笼统地将公司特征归结于地区性特色，而是要在宽泛的企业文化背景下看待目标公司。众所周知，在20世纪90年代的行业低迷期，韩国半导体存储器公司通过大量逆势投资占据可观的市场份额，而日本公司却没有承担这样的风险，并因此而失去了大量市场份额。在这个过程中，文化差异的作用不可小觑。

跟踪以往的盈利预期

通过一家公司预测自身未来收益和据此制定公司战略的方式，分析师也可以获得很多目标公司的信息。从了解公司"个性"的角度来看，连续多年未能实现盈利预期往往表明公司缺乏执行力和有效的成本管理。而逻辑清晰并得到严格兑现的盈利预测，通常表明公司具有高质量的业务规划和执行能力。每个行业的盈利都会有不同程度的可预测性，但经营情况良好的公司往往能有效地管理盈利预期。

跟踪以往的争议纠纷

分析师需要密切跟踪和复核目标公司以往出现的争议和纠纷，包括法律诉讼、事故、员工纠纷以及违反监管法规等行为。如果目标公司存在未决案件，分析师可能需要征求其他法律专家的建议，以确保他们充分知悉这些问题。因会计造假或员工相关问题而引发重大问题，并最终导致公司退市的情形，在现实中并不罕见。因此，在研究过程中，如果分析师发现目标公司存在类似争议，应立即将这些问题视作潜在的危险信号，并在投资审查委员会会议期间与内部研究管理部门展开讨论。

管理质量——一个框架

在公司分析中，评估管理质量是最重要、最困难的一个部分，因为它完全是一个主观概念，很难加以量化。利用如表 3-1 列示的对照清单，或许有助于分析师对公司管理质量做出客观评价。在评估目标公司的管理质量时，该列表所包含的这些标准似乎有点宽泛，但是从整体上把握这些因素显然是有必要的。分析师使用这个基本框架的目标不一定是要对每个项目评分，并据此对公司管理质量给出最终评分。分析师可以通过这些指标了解目标公司的具体情况，并与同行其他公司进行比较。有些公司在管理上确实非常全面，似乎在清单中的每个标准上都有不俗表现。有些公司可能只在一、两个领域有强势表现，但在其他方面却相对薄弱。对分析师来说，确定这些差异是否已经体现在公司的财务业绩中或许是一件非常有趣的事情。

表 3-1 管理记分卡示例

战略：公司是否拥有令人信服的战略？	
拥有清晰的目标业务领域	✔
差异化程度（与竞争对手相比）	✘
前瞻性愿景	✔
理想	✘
适应变化的意愿	✘
资源：公司是否拥有成功所需的足够资源？	
技术——专利及研发能力	✔
特许经营——客户、分销商及供应商	✘

（续）

资源：公司是否拥有成功所需要的足够资源？	
人才储备深度	✓
资金储备	✗
执行：公司是否拥有执行战略的必要能力？	
指标目标	✓
执行进度表	✗
针对管理层的关键绩效指标（KPI）	✓
合理的激励计划	✗
成本约束能力	✗
执行进度	✓
诚信：投资者是否可以信任公司？	
合规记录	✓
环境和社会参与水平	✗
在供应商中享有的声誉	✓
治理结构	✗
纠正错误的速度	✗
股东导向：公司是否实现企业利益与股东利益的一致性？	
与投资者的沟通	✓
管理层持有的所有权	✗
股票回购政策	✓
股息政策	✗
以往破坏价值的决策	✗

资料来源：高盛全球投资研究部。

合理方式	不合理方式
关注公司的定性方面 ✓	✗ 只向前看，从不回头，忽略历史
厘清公司能在价值链的哪个环节上创造新价值 ✓	✗ 全盘接受公司的故事，彻底放弃批判性思维
了解公司的 DNA ✓	✗ 只从公司的角度看待产品和服务，而不考虑消费者的想法
确定公司的竞争护城河 ✓	✗ 忽略文化和地区的细微差别
	✗ 向 CEO 询问下个季度的情况

资料来源：高盛全球投资研究部。

作者轶事

在做分析师的时候，我曾遇到一位来自日本客户公司的高管，对方是一家日本顶级半导体公司的董事长。在我不再研究这家公司后的 10 多年时间里，公司在运营和财务等方面均有不俗表现，所处行业正处于高峰期，而且公司本身的业绩也在同行中出类拔萃。我随口问他，公司为什么会做得这么好，他的回答是，公司始终愿意倾听资本市场的建议，而且善于把这些建议付诸实践。他的解释让我感到意外又惊喜。20 年前，当我开始研究这家公司时，它在市场份额方面已成为全球领先的公司之一，但财务业绩极不稳定。产品需求的高度周期性以及较长的生产周期，加剧公司在现金流管理方面的劣势。此外，公司的利润率也远低于美国同行业公司。我曾和包括董事长在内的很多高层管理人员进行过交流，并指出这些问题的症结。按照我的建议，这家公司不断加大力度，逐步改善现金流管理和提高运营效率。

> 作为一名分析师，我曾和其同行进行过多次类似对话，但很少有人会如此认真地接受反馈。我从不认为我是唯一向公司提出过这些问题的人。当然，相信来自金融行业的人（比如我）会比管理层更清楚如何管理一家科技公司，显然是不切实际的。但偶尔也会有"旁观者清"的情况，资本市场的专业人士或许能看到一家公司的"盲点"，并提出改善业绩的建议。虽然这不是证券分析师的主要职责，但是凭借他们的特殊位置，分析师有机会与高层管理人员进行相对中立的探讨，并在合规范围内对公司战略提出意见，甚至施加影响。这种相互信赖的关系不仅为分析师的职业生涯增添了新的色彩和乐趣，也让分析师的研究更具深度，至少对我来说是这样的。

第三部分

分析与调查结果的应用

第四章
将调查结果纳入收益模型

分析师的下一项任务,就是把迄今为止积累起来的全部知识和洞见放入公司的盈利预测模型(见图4-1)中。基本收益模型应包括分部收入明细表、利润表、资产负债表和现金流量表,四张表应相互贯通,互为支撑。在理想的情况下,在构建并熟练使用盈利预测模型之后,分析师应该可以在头脑中进行模拟测算。一个合理的盈利模型首先要明确最重要的基础性假设,并在建模过程中充分体现这些假设,了解它们对公司利润和公允价值的影响。此外,模型还应易于更新和使用。历史数据的重要性不容忽视。对过去10~20年的财务数据进行全面分析,可以让分析师对目标公司有更全面的认识。收益预测模型不仅可以帮助分析师预测未来收益,还可以帮助他们更好地了解目标公司。虽然模型的使用对象应该是一家公司,但分析师应将数据与同一行业的其他可比公司进行比较,并对某些不同数值进行分析。本章以一家常规型制造企业为目标公司,在此基础上推及其他行业并提出相应建议。

- 四个财务报表全部相互关联
- 本模型需要通过适当的反馈过程来创建
- 公正合理的预测

- 通过研究历史数据了解公司以往的经营情况
- 利用行业预测成果预测目标公司的财务报表
- 最终目标就是对目标公司的成长情况和资产收益情况做出高质量的预测

图 4-1　构建公司盈利模型的框架

资料来源：高盛全球投资研究部。

细分业务收入的预测

财务模型中的细分收入部分不限定格式，因此，分析师可以充分展示自己的创造力，形成具有个人特色的模型。通过精心构建的细分部分模型，可以充分体现公司的运营、盈利及增长方式。为此，分析师首先应按第一章介绍的分解方式，确定各细分市场的行业增长预测及市场份额假设。然后，将第二章讨论的收益驱动因素纳入收益预测模型。公司通常会在披露文件中提供分部信息，但分析师应创建更详细的模型。在某些情况下，分解可能要延伸到细分业务的个别产品层面。在第一次为目标公司建立预测模型时，分析师最好在细节方面下功夫，比如说，分析师可以按个别产品、客户以及地域等要素进行细分，以确保对公司取得足够深入的了解。随着时间的推移，预测模型可以对各分部中不太重要的部分予以简化，只保留关键部分的细节。在某些情况下，按终端市场和市场份额（而不是按产品）预测细分收入，可以更好地了解目标公司的业务发展方向。将分部收入的组成部分纳入模型，是确保盈利预测客观准确的重要前提，有利于分析师理解公司业务，并提高预测的准确性。

利润表的预测

在创建了分部收入之后，分析师的关注点即可转向利润表。利润表预测的关键，是首先确定合理的营业利润（息税前利润，EBIT），这是利润表中的核心数值，在此基础上，再考虑其他收入成本项目，并最终生成净利润预测结果。创建"瀑布图"可以帮助分析师厘清利润表的预测流程。这个图表可以列示在过去 10 年间影响各年度营业利润变化的主要因素——包括正面因素和负面因素。这些因素主要包括销售量、销售价格、原材料成本、燃料成本、劳动力成本、租金、折旧成本、研发成本、销售与营销成本、汇率、产品组合以及会计政策变更等。回顾历史数据有助于分析师更清楚地理解,到底是哪些因素影响了公司的收益,以及如何根据这些要素合理预测公司的未来收益。

经营杠杆

对很多公司来说,利润表的预测中最重要的一个概念就是经营杠杆,这是一个值得深挖的要素。运营成本由可变成本和固定成本两部分构成,其中,可变成本随着销量的变化而变化,而固定成本则与销售量无关。因此,如果一家公司的可变成本在收入中占比较低,而固定成本与收入之比较大,那么,在假设固定成本不变的情况下,利润增长率会超过收入增长率。这种变动关系可以量化为边际收益率(contribution margin,也称边际贡献率,即,1 - 可变成本/收入)。比如说,假设目标公司的收入为 1 亿美元,营业利润为 2000 万美元,且边际收益率为 40%,那么,如果公司次年的收入增加 1000 万美元(来源于销售量增长的推动),并假设固定成本保持不变。那么,第二年的营业利润为 2400 万美元,这意味着,当收入增长 10% 时,营业利润将增长 20%。在收入下降时,经营杠杆会以同样方式导致营业利润按相同比例减少。

尽管公司通常不会披露精确的边际收益率,但通过详细的利润表分析以及对公司的访谈,分析师完全可以测算出边际收益率的近似值。这个数字取决于业务的成本结构,如果公司同时拥有多个业务线,分析师最好了解所有关键业务的边际收益率。固定成本低的公司通常具有较低的边际收益率，而固定成本高的公司往往有更高的边际收益率。可变制造成本最小的公司，如制药及软件公司，通常具有非常高的边际收益率。在较长时期内，基准性边际收益率应维持较稳定的水平，从而为盈利预测提供一个良好的起点，本章讨论的其他因素——如定价、币值和成本变化等，也会影响公司的边际收益率。此外，产品组合变化和业务重组等结构性变化，也会影响目标公司的边际收益率。

产品定价

产品定价是会给公司盈利能力带来显著影响的因素。有如下假设：①一家公司的收入为1亿美元，营业利润为2000万美元；②公司在第二年将产品价格提高10%；③销售量保持不变。如假设所有其他条件都相同，那么，在第二年收入增加到1.1亿美元时，营业利润将增加到3000万美元。可见，定价对盈利能力的影响非常重要。在这个示例中，经营杠杆对利润的净影响高于前一个示例，即，收益增长完全来自销售量增加的情况。如假设边际贡献率为40%，销售量增加带来10%的收入增长，由此会导致营业利润增加20%；而在提高价格带来10%的收入增长时，则会形成50%的营业利润增加。由于产品价格上涨通常会伴随成本的上涨，因此，最终的净影响未必总是增加利润。但分析师必须认识到，产品定价确实对盈利能力至关重要。

汇率

汇率是另一个影响盈利能力的重要项目。如果一家公司取得收入和支出成本时使用的币种存在差异——这也是汽车及航空公司经常遇到的情况——那么，这些货币的汇率发生波动时，就会导致公司收益受到重大影响。对汇率最敏感的公司，相对汇率每变动1%，就有可能导致营业利润受到大约2%~3%的影响。公司经常会说，汇率的影响会因为对冲而减少，但是要在长期内完全对冲风险敞口几乎是不可能的。因此，即使汇率风险没有体现在当年的利润表中，也会在次年的利润表中显露出来，何况对冲也不是没有成本的。但需要注意的是，因收入货币与成本货币之间的汇率差带来的收益影响不同于纯粹的外汇折算［即，在美元对本地货币汇率发生变动时，对公司按美国存托凭证（ADR）计算的每股收益进行调整，或者说，这种由同一汇率在不同时期变化带来的影响，被称为汇兑损益］。

成本项目的变化

如果公司存在大额成本项目，如原料、劳动力、租金和燃料，其收益必将会受到这些成本波动的影响。能源、化工、金属、零售以及运输等行业在这方面尤为敏感。在通货膨胀环境下，分析师需重点关注这些成本项目。同样需要关注的，是目标公司以往为缓解这种成本压力而采取的各种措施，譬如签署长期租赁合同或物料采购协议等。有的时候，管理良好的公司可以通过成本控制增加利润。有些公司通过向上游整合解决这个问题，比如说，钢铁生产商收购铁矿石开采企业，在原材料短缺期间，这个策略确实有助于公司度过难关，但是从长期资产收益的角度看，这未必是好的选择。以前，某些航空公司与供应商签订价格固定的长期燃油采购协议，但随后油价下跌，导致这些公司在随后几年遭受巨额损失。

收入转换率

针对线上交易，收入转换率是指在线平台可从总交易金额中抽取的比例。这个比例通常在2%～4%的范围内，最大范围可以扩大到0～10%，具体比例取决于业务的性质及其所处阶段。目前，在线业务交易量呈现出快速增长态势，年增长率达到20%～30%，企业需要在赢得新客户和盈利中取得平衡。对其他大多数业务而言，提高利润是好事，但在线上业务中，过多的货币化（对应于更高的收入转换率）却有可能无助于平台获取更多的新客户。因此，分析师需在确保这种平衡的前提下对收入转换率进行建模。同样需要注意的是，分析师需要区分1P（第一方关系）和3P（第三方关系）电商业务模式，并在建模时对两者模式进行区分对待。因为1P模式把全部商品销售额确认为收入，而3P模式仅将佣金部分确认为收入，这就导致它们具有完全不同的盈利模式。

获得新顾客的成本

客户获取成本是指获得某些客户的总营销成本（及折扣）除以所获取客户的数量。从事在线业务或软件业务的公司经常会用到这个概念，它也是导致高成长公司盈利波动的一个重要根源。仅仅根据公司公开披露的数据，分析师可能难以计算其客户获取成本，因此，在与公司管理层沟通时，分析师应充分关注这个话题。

折旧成本

分析师应充分了解公司采取的全部折旧政策，并与同行业其他公司采取的政策进行对比。折旧政策的差异可能会对收益产生重大影响，因而分析师需要与其他可比公司进行合理比较。当一家公司处于稳定的经营状态时，资本支出和折旧应大致相等，且维持稳定。但是在公司突然增加或减少资本支出时，折旧成本也会发生变化。因此，在资本支出发生重大变化的情况下，分析师应通过独立的资本支出模型对折旧费用进行更准确的预测。

研发成本

高科技及生物技术公司通常会维持很高的研发成本，至少可以达到收入总额的10%~20%。对分析师来说，合理的预测起点是首先假设该比率在未来保持不变。但由于大部分研发成本归根到底是以人员成本为主，因此，假如模型假设研发成本在未来三年每年增加50%，那么，分析师就需要对目标公司是否有能力投入这么多研发人员进行核查。有些软件公司将资产负债表中的部分研发费用进行资本化处理，使之转化为无形资产的账面价值。因此，在对这些公司的盈利能力与其他可比公司比较时，分析师需要对研发费用的资本化部分进行合理调整。

存货波动

存货波动在很大程度上是一个具有高度技术性的会计问题，而不是企业的基础性问题。但是在阅读财务报表时，分析师仍需关注这个方面。如果对某种产品的市场需求突然下降，但制造商为保证设备利用率而依旧维持正常的生产水平，那么，没有售出的产品部分将转化为当期库存商品，并将销货成本（COGS）按全部产量（已出售产品和未出售产品之和）进行分摊，得到固定的存货单位成本。在这种情况下，与销售水平的下降相比,由于销货成本中的一部分成本原本属于未出售产品,这就相当于人为降低了当期的销货成本。如果公司根据市场需求减少生产量,这就增加了单位销货成本中的固定成本,这意味着销货成本也相应增加了。第一种情况会导致某个季度的账面毛利率高于业务的实际盈利能力。如果市场需求迅速回升,公司即可通过库存满足增加的需求,不会给业务带来实质性问题。但如果需求持续疲软,公司最终只能降低产量,甚至需要将产量下调到后期实际的需求之下,以解决前期形成的库存积压问题,这就会因为单位固定成本的大幅增加而影响当期利润。在这种情况下,分析师会看到,目标公司在前两个季度的毛利率高于预期,而随后几个季度的毛利率则会低于预期。在最不利的情况下,如果公司无法通过销售彻底解决存货积压问题,就只能选择对库存的账面价值计提减值损失。因此,存货对盈利能力的影响程度,取决于生产利用率的变化程度及其对库存产品采取的计价方法。

拥有多项业务的公司

在分析拥有多个业务线的公司时,分析师需针对每一项业务重复上述分析流程。但是在部门层面上获得的信息数量及其详细程度,显然不可能达到整体公司的水平。因此,分析师需要在"尽职"基础上预测各项业务的营业利润。为此,在对某一项业务进行预测时,能否获取做该项业务的专业企业的数据至关重要。如果可能的话,建议分析师联系相关业务部门的负责人,对可比公司数据的合理性进行分析。

税率

每个国家都有不同的税率,从本质上说,公司需要在其利润所在地向当地税收机关缴纳税款。如果目标公司的大部分利润来自某一个国家，那么，最简单的方法就是直接使用该国的公司税率。有些国家为扶植某些行业，会提供相应的特殊税收抵免优惠，而分析师需对这种特殊优惠的可持续性做出合理判断。拥有结转税收损失的公司，可以在特定时期内将其作为抵减项，以减少当期的税收成本。对外行人来说，要理解和预测跨国公司的税率自然并非易事。但分析师可以做的，就是回顾和总结以往的税率波动情况，并从中发掘出导致这些波动的根源。尽管分析师很难预测未来几年的公司税率，但还是有必要在这个项目上投入更多精力，毕竟，它会对每股收益和自由现金流（FCF）的预测造成实质性影响。

少数股权

尽管少数股东权益在利润表的科目中排列靠后，但并不代表它不重要，因为在某些情况下，它会严重影响每股收益的最终数字。因此，分析师应密切关注所有关联公司的盈利能力。

股息及股票回购

在考虑总的股东收益率时，现金股利的预测也非常重要。在预测公司未来支付的现金股息时，分析师需要审查公司发布的股息政策，了解公司派发股息的方法是固定股息还是累进股息。有些公司设有具体的派息率目标。在股票回购方面，如果目标公司始终采取一致的回购政策，并且回购数量较大，那么，分析师可以考虑将回购事项纳入到未来的股票数量预测中。

会计准则变更

尽管要全面了解企业会计准则变更的所有细节并非易事，但是，分析师还是有必要从总体上了解《国际会计准则》（IAS）和《美国通用会计准则》（GAAP）等主要会计准则在 20 年内的基本特征，这对阅读目标公司以往的财务报表大有裨益。股权投资者需要经常关注的会计准则事项包括：①商誉的摊销及核销；②员工持股计划（ESOP）的费用；③收入确认；④存货确认；⑤研发费用；⑥租赁费用；⑦递延所得税。

公司的盈利预测

大多数上市公司都会对利润表的主要科目提供前瞻性收益预测。有些公司按季度发布预测指标，有些公司仅提供年度预测指标。分析师不应在不加判断和审核的情况下直接引用这些预测数据。目标公司在得出这些预测指标时，会采用各种假设，对这些假设的合理性进行判断，也是分析师的一项重要任务。有些公司偏保守，而有些公司在预测中始终坚持乐观积极的原则。因此，分析师需要了解公司以往提出的盈利预测，并对这些数据做出合理解释。

资产负债表的预测

在完成利润表预测之后，分析师即可以此为基础，确定资产负债表中的某些项目。但是在预测资产负债表时，分析师还需要分析如下几个主要项目。

营运资金

在考虑公司的营运资金管理时,分析师需要评估如下三个数字:应收账款周转天数(应收账款/收入×365)、应付账款周转天数(应付账款/销货成本×365)及存货周转天数(存货成本/销货成本×365)。通常情况下,传统制造企业的应收账款周转天数在100~150天之间。但如果公司有支付周期较长的客户(比如政府),这个数字可能会接近300天。在以现金业务为主的公司中(比如零售公司),应收账款的周转天数则相对较短。正常制造公司的存货周转天数通常在50~100天之间,但如果公司主做产品周期较长的业务,这个数字就有可能会超过360天。正常制造公司的应付账款周转天数通常为50~100天,具体数字取决于制造公司与供应商的议价能力。尽管较高的应付账款周转天数相当于为公司提供短期融资,因而有利于目标公司,但应以不损害供应商利益为底线,而且应具有可持续性。

应收账款周转天数与存货周转天数之和,再扣减应付账款周转天数后得到的结果,被称为现金转换周期(cash conversion cycle)。在预测资产负债表时,有一个起始假设是这三个数字保持稳定。但如果某些数字在过去几年出现上升或下降,并且有充分的理由作为支撑,那么,分析师可预测这些数字应符合上升或下降趋势。归根到底,这些预测需要与业务的基本状况挂钩。如果目标公司出现暂时性的财务周转问题,公司就有可能要求供应商延长付款期限,但如果公司遭遇财务危机,那么,迫于外部压力,它可能不得不尽快付款。如果公司在简化分销渠道方面积极采取措施,就有可能不断缩短应收账款周转天数和存货周转天数。或者说,公司可以通过大幅改善制造流程来缩短存货周转天数。

固定资产

将上年末固定资产余额与当期资本支出相加，再减去本期计提的折旧金额，即可得到本期的不动产、厂房及设备账面价值。如果一家公司拥有较多的固定资产，而且曾有过计提固定资产减值损失的历史，那么，分析师就需要详细了解这些资产的性质。

无形资产

如果无形资产是公司资产负债表中的一个主要项目，分析师就需要进行详细了解。但是在大多数情况下，大额无形资产的主要来源是收购形成的商誉。在此时，分析师需要持续关注被收购企业的财务状况，以确保不会出现预料之外的商誉减值损失。

负债管理

在对资产负债表的资产部分预测完毕之后，分析师即可判断公司所需要的债务规模。如果公司持有未偿债务，就需要检查贷款与债券的到期时间表。如果目标公司持有浮动利率的债务或短期债务，分析师需要根据大幅加息的情境进行敏感性分析。公司针对债务支付的利率应反映在利润表的利息科目中。如果一家公司持有大量以外币计价的债务，那么，在外币兑本币的汇率升值时，有可能对公司资产负债表造成压力。如果一家公司的杠杆率较高，且业务面临困境，分析师则需要进行深入的信用分析，并在可能的情况下寻求信用分析师的支持，对公司的偿债能力做出合理评估。

现金余额

对于现金充裕的公司，在预测其资产负债表时，会出现现金头寸逐年增加的情况。分析师需要全面了解公司在现金状况、股东回报和投资等方面采取的基本政策，以便于对可能的资本结构做出合理预测。如果一家公司有强烈的收购欲望，而且难以对未来的收购事件做出预测，那么，分析师可以在未来资本支出中加入一个代表收购金额的数字，并根据公司在以往收购项目中实现的收益率，得出利润表中投资收益科目的预测结果。

表外项目

以前最常见的表外项目是经营租赁。在审查拥有大量租赁资产的行业（如航空公司和零售公司）时，这一点尤为重要。但是按照2019年新执行的公司会计准则，所有经营租赁均被计入资产负债表，因而无须对此进行单独披露。目前，分析师需要关注的主要表外项目是表外债务，譬如某些房地产开发商以项目形式在子公司层面持有的债务。

现金流量表的预测

在完成利润表和资产负债表的预测之后，分析师即可通过这两个财务报表的相关数据，推导出现金流量表中的各个项目。分析历史现金流量表，可以为分析师提供很多在利润表和资产负债表中无法找到的信息，从而对公司获得更全面的认识。尤其是现金转换周期指标，是进行财务分析的一个关键指标。不管利润率和资产收益率有多么亮眼，如果不能以合理的速度把收入转化为现金，就不能认为公司的业务健康而且具有可持续性。这也是检验公司财务报表真实性、可信性的一个重要指标。

此外，现金流量表也是对预测质量及其是否平衡进行交叉复核的标准。比如说，如果 A 公司的现金流量表表明，它始终拥有强大的现金创造能力，而且资产负债表在预测期的第五年即达到 50% 的现金转换率，这好得似乎有点令人难以置信。为此，分析师需要在真实性检验中回答如下几个问题：第一，可以核实利润假设是否合理；第二，检查资本支出水平是否足以维持预测的收入水平，或者营运资本假设是否过于乐观；第三，考虑公司如何通过现金的合理使用来维持资本结构的均衡。

反之，如果 B 公司的现金流量表表明，尽管利润表显示良好的盈利增长趋势，但公司仍将继续消耗大量现金。那么，分析师同样需要解答一些问题。譬如，检查利润假设是否过低，或是资本支出假设是否过高；公司是否会随着时间的推移逐步改善现金转换周期。如果继续消耗现金的可能性依旧很大，那么，分析师应质疑公司是否还有提高财务杠杆的空间，或者是否还有可能进行股权融资。归根到底，公司在长期内的持续经营能力会受到质疑。

总之，财务报表预测的关键点在于，分析师需要通过利润表、资产负债表和现金流量表的预测，为目标公司提供一个全面且符合常识性标准的故事。

如何将周期性要素体现在长期盈利预测中

在第一章讨论行业预测的背景下，我们已经对如何在预测中考虑周期性问题进行了简要讨论。在预测周期性公司的未来五年期收益时，分析师很可能会从既往模式中判断未来五年是否存在某种收益周期。如果要这样做的话，分析师可以通过两种方法将周期性特征纳入财务预测。一种方法就是在预测期内设定明确的收益下跌年份。这种方法适用于周期性可预测性较强的行业，如资本品和半导体设备等。虽然不能预测精确时点，但是在预测期内设定收益下跌年份，显然是谨慎之举。另一种方法是将收益震荡范围的中间值作为盈利预测。这种方法可能更适合大宗商品及运输行业，这些行业的周期可预测性较弱，随机性较强，而且收益波动主要源自价格变化。按照同样的逻辑，有些石油行业分析师在进行能源类公司的长期盈利预测时，会采用石油价格长期可持续的假设，以避免引入现货价格变动造成估值的大幅波动。

季度预测或许有助于预测

尽管进行长期结构性分析是本书的基本关注点，但密切关注行业的季度数据以及目标公司的财务业绩，对创建高质量盈利模型同样至关重要。通过季度数据，分析师可以提早揭示新的长期结构性趋势。这项工作的关键是对短期性噪音与长期趋势的早期迹象做出区分。此外，通过对年度和季度数据进行环比分析，分析师可以更好地了解目标公司在经济好转时可实现的盈利复苏速度，或是在经济进入低迷状态时的盈利衰减速度。有的时候，分析师会低估目标公司这两个方向上的反应速度，而季度数据可以帮助分析师合理对冲这种偏差。

鸟瞰图的价值

如果行业分析师完全闭门造车，那么，他们就不可能以横向比较的视角认识这个行业。这就需要分析师在整体层面上看待收入与盈利预测增长，然后与其他行业（尤其是具有相似收益特征的行业）进行比较。回顾和总结其他行业以往的周期，也可以发现有参考价值的信息。

独具特色的金融业与房地产行业

金融行业公司的财务报表与其他大多数行业的财务报表截然不同，因此，要想合理阅读金融公司的财务报表，需要分析师拥有相关的专业知识。利润表相对简单，但是要认识资产负债表的动态性——譬如资产—负债的匹配性管理以及资本金要求等概念，还需要分析师掌握特定的专业知识。

包括房地产投资信托基金在内的房地产行业，也采用完全不同的财务报表。从本质上说，它们需要涵盖全部主要开发项目与租赁资产的详细信息。由于大多数房地产公司都需要通过一定的杠杆进行业务融资，因此，资产负债表中的负债分析尤其重要。

作者轶事

任何故事都需要与数字完美匹配：在分析了数以万计的盈利预测模型之后，我逐渐认识到，分析师预测时最常见的问题，就是股权故事与盈利数字之间缺乏匹配性。对于拥有强大护城河的业内顶级公司，分析师往往会奉献一篇引人入胜、令人振奋的持续增长故事，但是在模型显示的五年预测期中，分析师预测的收入增长率分别为25%、20%、15%、12%和10%。如果问及为什么不在五年预测期中始终采用25%的增长率，他们通常会给出保守的答案。还有些分析师着眼于整合给行业利润率带来的结构性改善，但针对龙头公司的模型则显示出，营业利润率在五年内从20%增加到21.5%。当问及为什么不在五年内始终采用25%的利润率时，他们依旧会给出保守的回答。当然，说这些事例的目的并不是鼓励分析师为了冒险而冒险，相反，而是要诚实看待他们通过分析得到的结论。在正式预测中，要做出利润率大幅增长或是收入强劲上涨的预测，确实需要勇气，但如果分析师确实已经进行了充分研究，而且对这个结论坚信不疑，那么，分析师不在盈利模型中充分展示自己的成果，岂不是在浪费时间与精力吗！

合理方式	不合理方式
由繁入简 ✔	✘ 模型与故事互不匹配——对数字要有信心
使用收益驱动因素构建盈利预测模型 ✔	✘ 对周期性行业进行线性预测
了解经营杠杆 ✔	✘ 闭门造车——应以横向视角认识目标行业
了解现金转换周期 ✔	✘ 创建一个可随时更新的模型
利润表、资产负债表和现金流量表预测应提供一个符合常识的故事 ✔	

资料来源：高盛全球投资研究部。

第五章
观点汇总

到此为止，分析师已收集了大量信息，并针对如下方面形成了观点：行业特征（第一章）、收益驱动因素（第二章）、公司的个性（第三章）和财务预测（第四章）。现在，不妨清心净念，回头去总结和消化此前掌握的知识以及据此做出的预测。在大多数情况下，对目标公司的分析都是在横向比较背景下进行，因此，比较分析法也成为目前最受欢迎的研究方法。这种方法的流程可以体现为记分卡类型表的创建过程（见表5-1和表5-2）。通过这个过程，分析师可以合理选择并关注影响公司业绩的重要因素。

创建实用记分卡的首选方法

（1）选择几个具有典型行业特征的项目，譬如增长潜力、竞争压力、周期性、盈利能力、变化速度和监管压力。同样，确定几个可以描述公司的项目，譬如产品质量、分销与营销能力、创新能力、竞争护城河、环境与社会责任意识以及公司治理质量等。此外，分析师还可以选择若干财务指标，如资产周转率、利润率、现金转换率、盈利动量、盈利波动性和杠杆率等。虽然每个分析师都可以选择合适的行业指标，但重要的并不是事无巨细，而是要确保涵盖公司的整体状况。

表 5-1 样本公司记分卡 – 行业特征

行业特征	行业 X
增长潜力	**
竞争压力	**
周期性	***
盈利能力	***
变化速度	*
监管压力	*

注：***高于同行业平均水平；**相当于同行业平均水平；*低于同行业平均水平。
资料来源：高盛全球投资研究部。

表 5-2 样本公司记分卡 – 同行比较

公司简介	公司 A	公司 B	公司 C
产品质量	***	**	**
分销与营销能力	***	**	**
创新能力	*	*	**
竞争护城河	**	**	***
环境与社会责任意识	**	**	***
公司治理质量	**	**	***
财务指标	公司 A	公司 B	公司 C
资产周转率	**	***	***
利润率	**	**	***

(续)

财务指标	公司A	公司B	公司C
现金转换率	**	*	**
盈利动量	***	***	***
盈利波动性	**	*	**
杠杆率	***	*	**

注：***高于同行业平均水平；**相当于同行业平均水平；*低于同行业平均水平。
资料来源：高盛全球投资研究部。

（2）对于积分卡的评分方法，可用简单的代号表示：三颗星（***）表示目标公司的得分高于同行业平均水平；两颗星（**）表示相当于同行业平均水平；一颗星（*）表示低于同行业平均水平。如果确有必要，可以设置五个评分等级，但在大多数情况下，为简单起见，设置三级评分足以说明问题。在评分时，分析师务必要保持客观，而且应尽可能确保评分合理分布，不要过于集中。如果对大多数公司给出的结果为**，那么，评分也就失去了意义。如果确实无法区分，表明可比公司在这个指标上没有比较价值，因此，可以考虑把相应项目从列表中删除。在确定最终评分时，分析师应尽可能确保足够的前瞻性。在按每个指标对公司进行评分时，分析师应确保逻辑清晰。

（3）如果可行的话，应同时选择本地可比公司和全球可比公司进行比较。如果有可能的话，还可以按规模或细分类别对可比公司进行分组比较。应合理选择可比公司群组，以便于尽可能提高比较评分的相关性。

（4）在完成单项评分之后，退后一步，从总体上再浏览一下评分情况，确保各项评分之间具有连贯性与合理性。也就是说，行业特征、公司个性与财务状况之间应相互依存，相互支持。纵览整个研究过程，如果发现公司特征与财务数据相互不支持，分析师就需要找出背后的原因。有的时候，分析师甚至需要进行重新评分，或是对部分评分进行调整。事实上，这种记分卡评分法的真正意义在于，分析师可以重新回顾和梳理调查结果，并站在更高层面上进行总体性审查。

（5）通过表格中的总得分，可以了解目标公司在可比群体中的定位。但评分的根本目标并不是计算目标公司的平均等级点（grade point average），而且分析师也不应过度局限于总得分。更重要的是，目标公司的积分卡可以清晰展示分析师研究结果，并得到目标公司与可比公司的相对定位。

合理方式	不合理方式
从更高的层面出发，全方位地进行比较 ✓	✗ 采用过于复杂的指标和相对性评分
选择适当的同业可比对象，以进行合理评估 ✓	✗ 指标在可比公司之间缺少差异
从前瞻性视角进行分析 ✓	✗ 比较结果与基础主题不匹配
进行连贯性测试 ✓	✗ 将比较过度局限于总得分

资料来源：高盛全球投资研究部。

第六章

选择合理的估值模型

通过第一章到第五章的讨论，我们学会了如何更好、更深入地了解目标公司。现在，我们将站在资本市场的角度看一家公司，学习如何对目标公司进行估值。估值是一家公司方方面面的集中反映，包括现金创造能力、资产使用效率、增长潜力、管理质量、连锁经营能力、技术优势和品牌价值等（见图6-1）。公司估值通常表示为相对价值形式，因此，最重要的估值指标就是相对于可比公司的市盈率（PE）。根据公司的业务性质以及在经营周期中所处的阶段，市场的关注点可能是近期收益，也可能是收益的长期趋势。在某些条件下，可能需要以内在估值法作为相对价值法的补充，譬如贴现现金流（DCF）估值法。

在依赖具体公司基本财务指标对上市公司进行估值时，分析师需要面对巨大挑战，毕竟，公司实际股价可能会受到诸多非财务因素的影响（见图6-2）。此外，股市的收益倍数在很大程度上还要依赖于市场利率、通货膨胀率以及总体经济状况。本章的目标是在具体公司财务数据的基础上，提供适合特定行业的估值框架。

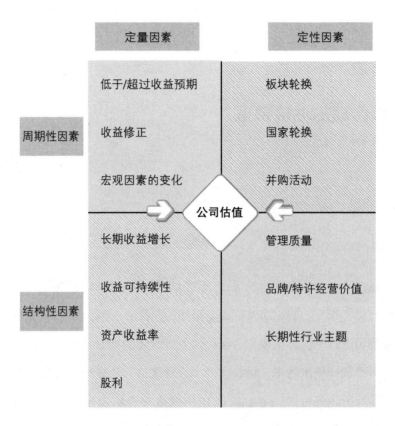

图 6-1　影响公司估值的关键因素

资料来源：高盛全球投资研究部。

从广义上说，分析师在对同一目标公司进行估值时，采用不同估值方法应得出相近的结果。因此，分析师应始终认识到，估值模型（盈利预测）中的输入变量是决定输出结果质量的关键要素，正如人们经常说的那样：如果输入垃圾，就只能输出垃圾。

第三部分 分析与调查结果的应用

注释1：每类收益倍数下列示的要点均为影响相应倍数的主要因素
注释2：尽管"收益倍数"（市盈率）用于表示估值方法，但也适用于其他方法

**图6-2 公司市盈率受多层面因素影响，证券分析师可通过高质量的
盈利预测以及与同行公司的比较提高估值的准确性**

在现实中，与其说公司估值是一门科学，还不如说它是一门艺术。有些公司拥有不同的业务线，因而会拥有完全不同的成长状态。有些公司拥有大量与其核心业务无关的资产。很多新公司的业务属于不同板块的混合体。还有些公司可能专注于对外收购。尽管从理论上说，分析师可以通过将目标公司与相关可比公司进行比较，并根据可比公司市场价值推导目标公司的价值，但分析师很难在同一股票市场上找到五家或更多具有高度可比性的公司。因此，分析师需要利用他们通过研究过程获得的全部知识和洞见力，制定最适合目标公司的估值方法。

本章讨论的框架既不是复杂深奥的理论,更非可直接对目标公司估值的现成模型。分析师不妨把这个模型想象成没有任何装饰的空房子,可以进行改造维修,使之适合于具体的目标公司;或者通过适当的组装和拼接,形成最终可直接用于估值的实用模型。实际上,我们在这里所讨论的框架(见表6-1),也是无数分析师想要努力获得的最佳成果。

表6-1 按行业划分的估值框架示例

高速增长型业务——互联网及生物技术	• DCF(尚未实现盈利的公司) • PE(已实现盈利的公司):以第5年到第10年预期每股收益为基础,以行业平均市盈率作为退出倍数 • 谨慎使用DCF、EV/销售额和PEG,并以其他方法进行交叉复核
长期增长型业务——软件及医疗技术	• PE(已实现盈利的公司):以第5年到第10年预期每股收益为基础,以行业平均市盈率作为退出倍数 • DCF
周期性业务——资本品、运输、能源、大宗商品、化学品及汽车	• 历史上的谷底市净率:衡量当前周期的潜在股价下限 • PE或EV/EBITDA:以潜在的峰值收益及周期内的平均估值倍数测算潜在的股价上涨空间 • 关键是预测下一个峰值的收益可能比上一个峰值高多少
稳定性业务——消费必需品、零售、非必需消费品、制药、媒体及商业服务	• PE或EV/EBITDA:未来一年的行业平均估值倍数 • 如果历史趋势明显且存在正当理由,应给予估值溢价或折价 • 对高杠杆公司应慎重使用EV/EBITDA

（续）

利率敏感性业务——银行、保险及房地产	• 在经济周期处于上涨阶段时，对银行使用盈利倍数（PE、P/PPOP、DDM）；在经济周期衰退阶段，对银行使用 PB • 对人寿保险公司应计算嵌入价值 • 对财产意外保险业务应采用 PB 或 ROE 及股息收益率 • 对房地产公司采用 NAV • 对 REIT 采用股息收益率
管制性业务——电力及电信	• 采用股息收益率、EV/EBITDA 倍数及 FCF 收益率的组合 • 根据历史价值区间及可比公司进行估值 • 对电力公司采用 DCF 和 SOTP 作为股息收益率的补充
多元化业务——企业集团	• 采用适合每项业务的不同估值方法组合 • 在尽最大努力的基础上与从事相同业务的纯专业公司进行比较

资料来源：高盛全球投资研究部。

高速增长型业务——互联网及生物技术

对高速增长公司（收入增长率持续维持在 25%～30% 甚至更高的水平）进行估值，需要分析师发挥自己的创造力，因为它们通常只有交易历史很短的新业务模式，而且很难在市场上找到合理的可比公司。

在对尚未获取利润（甚至还没有实现收入）的公司估值时，分析师应以贴现现金流（DCF）模型作为主要估值方法。DCF 通常采用 10 年的预测期，但如果公司拥有超强劲的长期增长前景，也可以采用 20～30 年的盈利预测期，并分成两个或三个阶段分别按 DCF 法进行估值。在考虑针对预期现金流采用的折现率时，分析师分析高风险企业通常可以采用11%～12%的折现率，而中等风险企业可以采用8%～9%的折现率。但对缺乏清晰商业模式的公司而言，分析师应采用较高的折现率，比如15%～18%。预测期的期末增长率范围通常采用1%～3%，具体取决于目标公司在预测期之后的增长情况。在高速成长的国家，偶尔也可以采用4%～5%的期末增长率。尽管尚不存在计算适当折现率和期末增长率的理论公式，但本章讨论的数值均来自实践的经验总结，而且基本与市场估值吻合。为尽可能减轻DCF模型的黑匣子效应，关键是对相近类型的公司采用一致性假设；除非目标公司的长期成长前景、风险特征或是行业展开发生重大变化，否则，不应轻易改变折现率和期末增长率假设。

在使用DCF模型对高速增长公司进行估值时，分析师最好重新审核盈利预测模型采用的关键假设，如渗透率、市场份额、每月活跃用户数量、单个用户平均收入、收入转换率以及营运资金等，以确保将定性分析的结果全部反映在这些预测数字中。

在根据盈利能力进行估值时，以行业平均市盈率作为退出（期末）估值倍数，并根据第5年到第10年的每股收益（EPS）预测值测算各年度预测净利润。然后，使用适当的折现率，将各年度预测净利润折算为当前（期初）公允价值。退出市盈率可以是所在市场的行业历史平均市盈率，也可以采用全球范围行业历史平均市盈率，这种做法的假设前提是，对高速增长公司而言，其增长率迟早会放缓，因此，最终应按行业平均市盈率进行估值。DCF模型、市售率（企业价值/销售额）倍数和动态市盈率（PEG比率，即，市盈率/盈利增长比率，也称为本益成长比）也被用于对盈利性高速成长企业的估值，但这些方法都有其缺陷，因此，分析师应综合使用多种估值方法，并对不同估值方法得到的结果进行交叉检验。

有些高速成长的互联网公司拥有盈利性的核心业务，但尚处于投资阶段的新业务则处于亏损状态。如果坚信这些新业务未来必将扭亏为盈，那么，分析师可以对这些新业务单独估值，这样，就不会对核心业务价值造成不必要的稀释。在这种情况下，分析师可以采用以新业务潜在利润为基础的 DCF 模型或贴现市盈率法（使用 5~10 年的每股收益预测值）进行估值。

长期增长型业务——软件及医疗技术

软件和医疗技术等行业，通常会展现出持续性高收入增长及可持续高利润率的特征。基于它们高成长性与可靠利润率的双重特征，市场往往会在市盈率估值基础上给予它们可观的溢价。

为体现这些公司的高成长潜力，可以根据目标公司第 5~10 年的远期每股收益进行估值，并以行业平均市盈率作为退出时的估值倍数，然后折现以估算当前的公允价值。在确定预测期最后一年的退出市盈率时，假设增长率最终回归正常水平，分析师可以按行业平均市盈率对高成长公司估值，因此，分析师既可以使用区域性行业平均市盈率，也可以采用全球范围的行业平均市盈率。如果行业平均市盈率在较长时期内保持稳定，分析师可直接使用这个数字。如果行业平均市盈率持续增长，分析师可能需要采用最新数据，以反映当前的市场环境。归根到底，退出估值倍数取决于目标公司在预测期以后的增长潜力。如果其增长潜力超过行业平均水平，那么，合理的方案是采用高于行业平均水平的退出估值倍数。此外，DCF 也是分析这种高成长公司的常用方法，将 DCF 结果与前述第 5~10 年预测市盈率法进行交叉复核。

初创软件公司尽管无法出具公允价值，但是比较客户获取成本（年度经常性收入增长额除以当年的销售及营销费用）和生命周期价值（整个产品生命周期内的毛利润总额），有助于分析师对业务健康状况做出判断。

周期性业务——资本品、运输、能源、大宗商品、化工及汽车

周期性股票的估值与盈利周期具有同步性。此类估值通常会围绕公司潜在的内在价值进行波动。针对周期性公司的估值在细节上不同于稳定增长型公司。对收益稳定公司进行估值，目标是确定一个能代表当时公司内在价值的绝对值。但对周期性公司而言，合理的估值方法是为处于盈利周期不同阶段的公司确定一个估值范围。

当周期性公司处于生命周期的低迷状态时，公司要么亏损，要么盈利能力下降，这就导致无法使用收益倍数作为估值基础。因此，对应谷底阶段的市净率（价格/账面价值比例）可用于衡量当前周期的潜在股价下限。如果目标公司经营状态极度疲软，而且存在资产减值风险，那么，分析师还需要审核考虑减值损失后的账面价值。

在进入上升阶段时，周期性公司通常拥有非常强的盈利能力，而且收益会出现快速增长。在判断潜在的股价上涨空间时，分析师需审核周

期内的潜在收益峰值，并采用全周期的平均收益倍数（PE 或 EV/EBITDA），毕竟，这个最高估值很少能达到最高收益与最高收益倍数的乘积。如能获得市场达成共识的市场盈利预期，在计算历史收益倍数时，最好使用这个共识性收益，以避免出现"完全预见偏差"（perfect foresight bias）。如使用完全预见收益（即，实际历史收益），那么，市盈率（PE）走势往往会因预期收益突然消失而大涨，这种增长与股价上涨完全无关。随着市盈率不断提高，股价开始逐渐反映市净率倍数或远期收益，而忽略收益下降。因此，尽管不够完美，但使用当时的市场盈利预期，分析师至少可以得到与当时市场假设对应的 PE 倍数。

相对其他所有板块，对周期性业务来说，由于股价震荡频繁，而延迟就意味着落后于价格曲线，因此，分析师需要及时大胆地修订盈利预测。

在本部分讨论中，我们始终以历史估值倍数区间为周期性公司提供估值基准。除了公司自身的历史 PE、EV/EBITDA 和 PB 倍数外，分析师还应使用行业平均估值倍数对估值结果进行交叉复核。

有些汽车公司的资产负债表中有大量融资业务。在这种情况下，分析师需要对融资业务进行单独分析。

周期性增长业务——半导体、电子元器件、技术硬件及清洁能源

周期性成长公司的估值框架类似于周期性公司。在公司处于周期中的衰退阶段且收益低迷时，通常使用市净率（PB）测算周期最低点的

价值（估值下限）。在进入周期中的复苏阶段时，采用潜在的峰值盈利预测和周期中段的倍数测算潜在最高点价值（估值上限）。至于分析师为什么要使用周期中段的倍数，并没有科学依据，但是对拥有周期性业务的公司来说，这个指标显然可以为预测目标公司前景提供一个良好的参照基准。毕竟，估值倍数通常可以达到周期中段的水平，但很少能达到与峰值收益对应的峰值倍数。

但不同于纯周期性公司的是，由于市场很可能会预见到下一轮强势上涨周期，因此，在经济下滑期间，周期性增长公司不太可能触及历史低点的 PB 倍数。在经济好转期间，关键是要准确预测下一个峰值的盈利水平，而且这个峰值很可能高于前一个峰值。分析师可以使用整个周期的平均倍数预测下一个峰值的盈利水平，作为整个周期估值的上限。如本章前面针对周期性进行的讨论，在计算历史收益倍数时，最好采用共识性的市场盈利预测，以避免出现完全预见偏差。

稳定型业务——消费必需品、零售、非必需消费品、制药、媒体及商业服务

在对收益稳定的公司进行估值时，分析师采用的估值方法不会像本章前面讨论的那样复杂。从历史上看，这些行业的平均估值倍数相对稳定，相同板块的所有公司通常具有相近的估值倍数。因此，有一种合理的方法，就是使用未来年度的行业平均倍数（PE 或 EV/EBITDA）对收益稳定的公司进行估值。如果某些公司的市盈率高于或低于行业平均水平，那么，分析师可以在估值中采用估值溢价或折价，尽管在此之前，分析师需要对目标公司存在历史溢价或折价的原因进行调查。对利润率

和资产收益率较高的公司，只要高收益率具有可持续性，目标公司往往会展现出估值溢价。此外，如果目标公司拥有相对强大的竞争护城河——如品牌和专利，也可以给它们溢价估值。

如果同一板块的公司拥有不同水平的资本结构，可能更适于采用EV/EBIDTA作为估值倍数。但是在对高杠杆公司使用EV/EBITDA倍数时，应关注公允价值的高度波动性。在估算公司的企业价值（EV）时，全部表外资产均需要添加到净债务中。

由于大多数制药公司的模型均以主要产品的长期销售预测为基础，因此，可以使用近期收益倍数按DCF进行估值。如果公司在预测期以外年份有重大新药发布或专利到期时，尤其适用于DCF。

在这个行业板块中，有些来自新兴市场的公司可能拥有持续性的盈利高速增长能力。在分析此类公司时，要体现它们的增长潜力，可采用第5~10年的未来EPS作为估值，并以行业的平均市盈率作为退出倍数，然后通过折现得到目标公司的当前公允价值。在确定预测期最后一年的退出市盈率时，假设增长率最终回归正常水平，可以按行业平均市盈率对高成长公司估值，分析师既可以使用区域性行业平均市盈率，也可以采用全球范围的行业平均市盈率。

利率敏感型业务——银行、新兴市场银行、保险、房地产、房地产投资信托基金

利率敏感行业包括房地产、银行和保险等业务板块，每个板块都有其独特的常规性估值方法。

银行

银行的估值具有连续性，体现为价值区间，而且通常与经济周期保持同步。在经济周期处于正常状态和上升趋势时，银行估值通常以收益倍数、市盈率、价格/拨备前营业利润（P/PPOP）或股息贴现模型（DDM）为基础。对轻资产属性的经常性收费业务（如财富管理）的估值，通常高于重资产属性的资产负债表业务（如贷款）。采用的收益倍数与收益增长率以及收益的可持续性有关，通常以净资产收益率为准（ROE，而 PB 除以 ROE 的结果为 PE），并通过溢价和折价考虑相对增长率、盈利能力和业务结构造成的影响。

回想一下第二章：重资产银行业务的盈利增长是资本积累的函数，因此，可持续的高 ROE 可以带来贷款增长，进而产生更高的收益率。随着周期进入下行通道，顺周期收益开始下降，甚至转为亏损，估值转向衡量资产负债率的市净率指标。当资本因深度周期危机而开始贬值时，估值可能会转向特许经营价值的内在衡量标准，如价格/存款率或价格/调整后账面值（针对预期资本融资进行调整，以便于使资本恢复到最低水平）。

新兴市场的银行

分析师对新兴市场银行可以采用与发达市场银行类似的方法进行估值，但其与后者在隐含估值倍数上的差异，可以解释为较低的行业渗透率、较高的行业增长率，以及伴随高经济增长率而来的高利率。考虑到驱动估值连续变化的诸多因素以及相关估值法的要求，分析师需要把各种价值驱动因素结合起来，并将得分作为权重计算基本贝塔值，在此基础上推算资本成本。比如说,监管机构有时采用 CAMEL 评级系统评估银行核心资产类别的相对定位:资本、资产质量、管理、收益及流动性。

保险

人寿保险区别于其他保险产品的一个特殊之处在于,只有在产品生命周期完成并充分实现后才能取得成本数据,而且产品的盈利能力具有非常长的持续期,并随时间的推移而持续增长。为体现这些不寻常的特征,应对累积投资组合的盈利能力给予较长的持续期预测,也就是说,将其纳入"嵌入价值"(Embedded Value)计算中。实际上,嵌入价值模型相当于针对保险业采用的 DCF 分析。但是近年来,大量不断变化的假设导致嵌入价值发生重大变化,使得整个估值结构受到质疑。因此,对更成熟的市场而言,估值通常采用以收益和股息为基础的倍数。

对需求量更大、市场化程度更高的财产和意外险(P&C)业务,则采用更典型的估值倍数,如市盈率、市净率与股权收益率以及股息收益率。

房地产

大多数非 REIT 房地产公司均拥有房地产开发业务和房地产租赁业务。分析师在对这类房地产公司进行估值时,最常用的方法是资产净值(NAV),即开发项目和租赁资产所创造的全部现值总和。在理论上,房地产公司的价值应等于资产净值,这一点类似于贴现现金流的概念,但具体可根据该地区房地产市场的前景或目标公司的历史业务给予适当的溢价或折价。在某些新兴国家,例如中国,由于土地储备相对有限且开发周期较短，房地产业务仍属于成长性业务，因此，分析师很难取得足够多的项目用于计算资产净值。在这种情况下，分析师可使用市盈率等方法作为补充性估值方法。

房地产投资信托基金（REIT）

由于具有与固定收益相似的特征，使得 REIT 的估值几乎完全以股息收益率为基础。此外，由于该项业务属于国内业务，应该将目标公司股息收益率与同一股票市场的其他 REIT 进行比较。行业平均股息收益率应与当地利率相关，而个别 REIT 在股息收益率上的差异则源于诸多要素，譬如发起人的实力、财务状况、资产质量、资产类别以及历史业绩等。

管制型业务——电力及电信

考虑到行业寡头垄断结构对其现金流的保护，在对电信和电力等受管制行业进行估值时，通常以股息收益率、EV/EBITDA 倍数和 FCF 收益率的组合为基础。具体可以根据公司的历史估值区间及同行比较进行估值。由于这类业务主要在国内进行，因此，分析师应选择在同一股票市场上市的可比公司进行比较。

在欧洲，很多电力公司为减少碳排放而竞相投资风能和太阳能等可再生能源业务。因此分析师应使用 DCF 和加总法将这些新业务的价值纳入到公司价值中。

对于面临重大频谱拍卖费用的电信公司，考虑到新进入者的竞争以及其他潜在未来收益的丧失，分析师应将 DCF 作为股息收益率和 EV/EBITDA 估值倍数的补充。

多元化业务——企业集团

当目标公司经营多种不同业务时，分析师需针对各项业务采用最适合的估值法。与纯专业性公司相比，这类公司对各业务线的披露可能不够详尽，因此分析师可在竭尽全力的基础上，充分借鉴可比公司的估值。对多元化公司通常会采取适合于控股公司的价值折扣，也就是说，公司的市场价值低于各项资产价值的总和。集团层面的估值折价率通常在 15%～45% 之间，折价的原因是目标公司在透明度、凝聚力战略和业务协同效应等方面的匮乏。

在考虑控股公司的折价时，折价率的确定确实有一定的随意性，但分析师还是有必要与其他具有类似结构和业务组合的企业集团进行比较。在计算适用于控股公司的折价率时，公司在资产回收和资本优化方面的历史记录也是一个重要参考。

估值中需要考虑的其他因素

估值倍数的选择

不同行业的市场交易价格展现出完全不同的收益率。即便是在同一行业，有些公司会以溢价交易，有些公司则会以折价交易。收益倍数的差异可以解释为中期增长率、盈利的可靠性、国内市场的总体估值水平、资产负债表的质量、股票的流动性、企业集团的实力以及品牌等。尽管难以量化，但是针对某些行业或公司的市盈率为什么会高于或低于其他行业或公司，分析师还是应该有自己的观点，而不是盲目接受市场价值。

有的时候，分析师会考虑对公司估值的上调或下调。但前提是充分理解影响估值倍数变化的因素。在某些情况下，有些国家的估值折价或溢价相对其他市场而言较为一致。比如说，在亚洲，韩国市场的市盈率通常较低，造成这种情况的原因可以归结为大型集团的公司治理问题。相比之下，印度市场的市盈率往往较高，这可以解释为较高的经济增长率。即便在这些市场中，不同行业之间的估值倍数也存在较大差异。在周期性行业中，由于收益具有周期性，因此公司的估值倍数通常低于市场平均水平。在极少数情况下，一家最初被视为具有周期性的公司，由于商业模式的转变会导致公司取得更高的估值水平，于是这家公司就有可能转变为长期增长型企业。考虑到监管限制的持续性和变化性，因此，是否应该把金融科技公司视为银行与电子商务之间的中间体进行估值，至今仍是一个有争议的话题。

如何选择可比公司

当使用可比公司估值倍数时，可比公司的选择自然会对估值结果产生重大影响。最简单的方法，是在同一个市场的同一行业中选择可比公司。假如 A 公司的业务遍及全球，而同一市场的其他同行业公司均以国内市场为主，那么，在对 A 公司进行估值时，应选择在不同市场从事全球化经营的跨国公司。或者如第一章所述，某些行业正在趋同，因此分析师需要在估值时考虑不同公司之间的差异化因素。比如，对于一家资本品公司来说，如果经常性服务收入对总收入的贡献比例不断增加，那么目标公司相对可比公司而言的盈利持续性即可看作估值溢价的来源。公司规模是另一个需要考虑的因素。对同属于一个行业的两家公司而言，如果一家公司的收入为100亿美元，另一家公司的收入为5亿美元，那么两家公司在本质上必然大不相同。这就需要分析师对它们单独进行估值，或者是根据市值差异，或是由估值历史得出交易量的差异，对估值进行适当调整。

投资资本的现金收益率（CROCI）

CROCI是指用债务调整后的现金流（Debt Adjusted Cash Flow，DACF）除以总现金投资（Gross Cash Invested，GCI）。该指标衡量的是公司在经营资产上投资的每一美元累积产生现金流的能力。CROCI是公司盈利能力的真实写照，尤其是对拥有实物资产的公司，它可以弥补净资产收益率（ROE）或投资回报率（ROIC）的不足。如第一章所述，如果把CROCI分解为三个要素：①资产周转率（收入/总现金投资）；②利润率（EBITDA/收入）；③现金转换率（DACF/EBITDA），就可以更好地了解公司的优势和缺陷。在盈利预测方面，CROCI对盈利增长的稀释效应会导致估值恶化，因为它表明公司通过增量投资取得的收益率有所减少。反之，能维持甚至提高CROCI的公司则会取得较高的估值溢价。如果行业内的头部公司不能创造出超过WACC（加权平均资本成本）的CROCI，那么，这个行业就有可能要经历整合。而具有较高CROCI的行业则会吸引新的参与者进入市场。此外，利用CROCI，分析师可以从资产收益角度出发，对目标公司特定收购项目到底会创造价值还是会稀释价值做出评估。

PEG 比率

由于简单直观，分析师在对高增长公司进行估值时，经常会使用 PEG 比率（市盈率/每股收益增长率）。这个指标易于进行交叉检验，但在使用时需要分析师进行合理判断。比如说，在分析师下调盈利预测时，如果基准年（0 年度）盈利数值的下调幅度大于 1~2 年，增长率上升，并采用更高的市盈率。这显然不符合逻辑。相反，PEG 的"G"（增长率）在理论上应是公司的可持续增长率。如果分析师希望将 PEG 作为主要估值方法，那么，分析师就需要保证该行业的盈利增长率与市盈率之间确实显示出正相关的关系，而且盈利增长率连续多年保持一致。

真实性检验

任何一种估值方法都不可能完美无缺。因此，分析师应对比采用不同估值方法得到的结果，对结果进行交叉复核。尤其是在使用复杂的估值方法时，比如以 SOTP 或 DCF 估算公允价值，分析师可根据市盈率、EV/EBITDA 或市销率等指标，将目标公司与同一市场或全球市场的可比公司进行自上而下的对比。

剩余价值

对于短期内盈利但长期有可能面临重大结构性不利因素的企业，分析师可以使用无残值（无期末价值）的长期性 DCF 模型。内燃机车、燃煤电厂和数码相机等业务在未来几年仍有可能盈利，但考虑到长期的可持续性风险，分析师应对估值结果予以折价。

情景及敏感性分析

对周期性公司而言，盈利预测往往对数量及定价假设非常敏感，而且存在较大波动性。因此，除对盈利进行点估计之外，分析目标公司在某些情况下可能出现的最低预测值和最高预测值，有助于分析师对风险、收益与当前股价的关系进行评价。因此，分析师分析的关键在于确定合理的假设区间，并确保这个范围既有足够的覆盖性（包括目标公司的合理估值），又能保证结果的可行性。此外，情景分析同样适用于非周期性公司，因为这类公司的收益可能会受到某些不可预测性二元事件的重大影响，譬如监管政策的变化和地缘政治冲突等。还有一种有意义的分析方式，就是把当前股价插入估值模型，据此可以推导出目标公司基于公开市场交易情况所对应的盈利水平及增长率。

回测

为衡量基于倍数的估值方法针对特定板块的适用性，应将估值点数据绘制在点位图中，据此检查是否存在最佳拟合线。此外，利用真实股票业绩进行回测（回溯检验）可以帮助分析师选择更合适的估值方法，即，使用历史股价对不同估值法的结论进行比较。但是，股价不仅依赖公司的财务业绩，还会受到其他诸多因素的影响，因此，基于本书所讨论的企业分析，对细微差异进行深度业绩回测或许并无现实意义。

并购价值

当市场将某些公司视为收购目标时，会有诸多因素带来收购溢价，使得这些公司的交易价格可能高于基本价值。如果计算公允价值时需要考虑这些收购溢价，那么，分析师可以根据类似行业交易的历史收购倍数，计算目标公司的潜在并购价值，然后以适当的概率作为权重，将溢价并入目标公司的基本公允价值中，具体的权重可以是15%、30%或50%（这需要分析师根据一系列因素进行判断，以确定目标公司被收购的概率）。因此，如果假设一家公司成为收购目标的概率为30%，那么，调整后的公允价值应为70%的基本价值与30%的并购价值之和。

对目标板块进行相对性比较

有时，从自上而下的角度理解板块估值可以为分析师提供有益的信息。比如说，比较行业A与其他行业的当前平均估值（PE、EV/EBITDA），或是比较行业A与其他行业当前估值在历史估值范围内所处的百分位，可能会给分析师带来新的认识。如果其他几个行业的当前估值在历史范围内处于第70~80个百分位，而A行业当前估值则位于第30个百分位，那么，分析师就应对这种差异提出质疑。

合理方式	不合理方式
确定合适的估值方法 ✓	✗ 完全以"原样"使用市场倍数——分析师应对估值倍数形成自己的判断和看法
学会利用常识 ✓	✗ 低估选择合理的可比对象的重要性
学会使用CROCI ✓	✗ 不加判断地使用PEG和EV/Sales等估值方法
运行情景分析判断风险及收益 ✓	✗ 完全预见偏差
使用替代方法对估值进行交叉检验 ✓	✗ 在讨论估值"下调"或"上调"时没有考虑盈利轨迹发生的结构性变化

资料来源：高盛全球投资研究部。

第七章

与市场总体预期的差异

———

高质量的公司研究本身就是有价值的。但基于高质量研究形成的非共识性观点对投资更有价值。分析师在自身研究结论与市场共识之间找到的差异，才是整个研究中最有价值的部分，因为正是这些差异，才显示出研究的必要性，代表了整个研究工作的成果和结束。为充分体现这些独立观点的价值，分析师应在研究中清楚阐明它们与市场观点的差异内容以及形成差异的原因，而且应持续跟踪差异的进展情况。考虑到与市场观点的差异本身就是一个含混的概念，因此，本章将针对如何澄清这个概念为分析师提供相关工具。

观点是否真的不同

分析师如何判断自己的研究结论是否有别于市场预期呢？不妨采用

如下三种方式来做判断。

1. 公允价值的结论与当前的股价不同

这无疑是最直接的差异证据。不过，公司的股价有时会受基本面以外因素的干扰（例如大股东突然清算股份），因此，即便分析师关于基本面的观点与市场相似，由此得到的公允价值可能也与当前的市场价格不同。这里的关键，是要量化导致估值结论相对当前股价存在溢价或折价的因素。

2. 盈利预测不同

现有的共识性市场预测通常来自第三方提供商，是汇总卖方分析师的分析结果得到的收益数字。但市场预期有时也会滞后，尤其是在基本面发生快速变化的情况下。因此，这尤其需要分析师与主要投资者开展定期沟通，对市场预期的"真实"收益做出评估。

3. 股票故事与市场的看法

与前面的两个标准相比，这个标准似乎略显模糊，但它的重要性丝毫不亚于前两者。针对公司的"个性"，如果经过整个研究过程得出的结论不同于市场的观点，这同样表明，分析师的观点与市场的观点不同。与公司主要活跃股东针对观点进行有效沟通，有助于分析师厘清这些差异。

差异何在

如果分析师认为自己的观点与市场的观点不同，那么，他们就需要通过具体细节的阐述解释这些差异。

- **核心领域**：近期的正常建模变量，譬如销售量、定价、投入成本、销售及营销成本、资本支出水平或产量，都有可能带来差异。
- **新业务**：如果用长远观点看待公司正在开发的新业务领域，就有可能形成有别于市场的观点。在对目标公司进行全面研究的基础上，分析师对某些新技术或新服务得出的结论可能比市场更乐观或更悲观。
- **风险评估**：通过对公司的执行力、监管环境、竞争压力和产品过时方面进行全面的风险评估，分析师可能会得出不同于市场共识性的观点。

导致差异的动因何在？

在确定研究结论可能不同于市场预期的具体领域后，分析师就需要阐明造成这些差异的根源。

- 在通过收益反映某些宏观环境波动或行业环境变化的时候，分析师的反应可能比市场更快。市场不可能第一时间将所有信息体现到股价中。
- 分析师对已知趋势有更高的预期，并会据此做出比市场更大胆的估计。在整个研究过程中的详尽调查工作，会给分析师带来这样的信心。比如说，可能每个人都会认为，在很多领域，在线业务的渗透率会随着时间的推移不断增加。如果市场预期，某种产品的渗透率将在五年内达到15%，而分析师通过独创性研究得出的结论是20%，这就表明分析师的结论不同于市场预期。
- 分析师发现了某些市场尚未一致认同的事物。通过自下而上的分析，分析师可能会发现某些反直觉的观点。比如说，当建筑活动因经济放缓而处于下降趋势时，很多人认为市场对工程机械的需求会下降。

但由于劳动力短缺以及更严格的排放法规，这项业务实际上依旧有可能保持强劲势头。

● 分析师认为，目标公司的吸引力尚未得到市场的普遍认同。这些高成长公司通常可以为中小盘创造新的市场空间，只不过尚未被卖方分析师广泛知悉。

非差异性结论的价值

尽管分析师得出与市场一致观点的概率很有限，即便他们的研究结论趋同于市场共识，高质量的研究工作依旧是他们最重要的财富——譬如良好的行业预测、对收益驱动因素的澄清、清晰的盈利模型、全面的估值框架和广泛的人脉网络。在公司股价发生波动或行业条件出现变化时，这些资源的价值可能不可估量。但是，只有分析师得出高质量的原创性观点，并对市场共识获得深入理解，而且两者确有差异，才会形成真正不同的公司分析。但这种情况不可能经常出现，这也正是差异化观点弥足珍贵的原因所在。

合理方式	不合理方式
尽可能与市场参与者展开沟通 ✔	✘ 毫不怀疑地全盘接受市场预期
深入思考分析的诸多差异，而不仅仅停留在数字上 ✔	✘ 仅仅因为结论与市场预期相符就低估高质量研究过程的价值
明确揭示造成差异的根源 ✔	✘ 仅仅为了确保"审慎"便低估自己的信念
跟踪差异要素的动态变化情况 ✔	

资料来源：高盛全球投资研究部。

第四部分

如何确定研究对象
以及如何进行分析

第八章

如何创造令人振奋的观点

到目前为止,本书主要关注股票研究中的"如何做"部分,但"做什么"同样意义重大,只有思考这个问题,分析师才有可能发现新的主题以及有吸引力的公司。对入门级分析师来说,研究主题通常由上司指定。即便如此,在完成基础研究流程的基础上,仍有很多方法可以帮助分析师以新的视角开展研究。如下九项建议有助于分析师提出新的想法,找到更有趣的公司。

热点问题

尝试解答"热点问题"或许可以给分析师带来新的灵感,因为只要是尚未解决的问题,就意味着很多人还没有找到答案。与其他职业相比,证券分析师的优势在于拥有量化这些问题的能力。新闻记者也会讨论各种各样的热点问题，但他们未必能提供定量性答案。学术界和国际组织有时也会针对这些问题做出预测，但数据更新可能不够及时，因此，它们对公司分析的实用价值可能很有限。比如，随着全球性脱碳压力的与日俱增，能源行业亟待解决的紧迫问题之一，就是如何确定石油需求的长期前景及其达到顶峰的时点。为此，证券分析师团队可以综合利用汽车、运输、太阳能、发电、工业等各专业部门团队的力量，对石油的长期性需求做出更全面、更符合逻辑的预测。所有证券分析师都应学会集思广益的方式，对热点问题予以量化和解答。

有助于解决实际问题的产品

一旦出现可解决个人或公司问题的产品或服务，它们获得市场认可的速度之快往往令人惊讶。譬如，虽然自行车共享业务最终导致某些公司破产，但这个思路确实有助于缓解人口稠密地区的交通压力。在企业环境下，监督技术解决方案或数字文件签名服务有助于减轻人们日常工作的压力。因此，审视存在于我们身边的问题和难点，然后再寻找相应的产品和服务，或许可以帮助分析师找到新的线索。

被遗忘的新技术

有的时候，某些新技术会让证券分析师兴奋不已，使其在一段时间内对这些主题进行深入研究。但是在新技术发展速度不足以在短期内成为收益驱动力的情况下（这是常见的事情），分析师往往会失去兴趣，半途而废，毕竟，他们每天都会有很多需要处理的事情。虽然会被"遗忘",但有些技术完全有可能在改进性能、降低成本或创造新用途等方面取得进展,并最终演化为令人惊叹的新业务。碳化硅(SiC)晶圆(用于生产高性能半导体芯片)、虚拟/增强现实和3D打印等就属于这样的技术。尽管分析师可能没有很多时间持续关注所有正在开发的新技术,但还是有必要抽时间看看以往研究的"旧清单",查询一下它们是否有所突破。

"小故事"孕育大思维

很多有趣的想法可能来自朋友、同行或同事讲述的小故事。有的时候,行业期刊或新闻文章也会为分析师提供线索。至于如何挑选线索来源并与其建立联系,完全取决于分析师的创造力。

> **作者轶事**
>
> 最近,一则小新闻使我开始关注使用木材来制造发电厂使用的风力涡轮机。我从没想过居然可以用木材生产这种设备,因此,这篇文章马上让我联想到很多领域。它对风力涡轮机公司、其他重型机器(即使用木材制造这些机器的可能性)、钢铁需求以及林业会带来怎样的影响呢?当然,我夸大了这个例子可能带来的影响,但关键是,即便是貌似微不足道的线索,也可能会催生出有趣的研究思路。

新的语言

无论是在消费过程中,还是在办公场合,很多有趣的想法都有可能在不经意间出现在脑海中。但是要把想法变成研究对象,还需要分析师掌握某些技术领域的基础知识。如果不了解行业的新概念和新思维,就无法和软件公司进行有效的沟通;如果不了解晶体管的工作原理,就很难去谈论半导体的制造过程;如果不了解区块链的基本机制,自然难以把 NFT(非同质化代币)或 DeFi(分散式金融)之类的新商机转换为研究话题。从另一个角度看,只要掌握基本原理并在技术方面获得新认识,机会的大门就会敞开。这类似于学习一门新语言的体验。

B2B 与孤儿股

在寻找创建新研究的创意这方面,一个较少存在竞争的领域就是 B2B 业务。每个人都可以拥有在火锅店就餐的体验,而且不难对这项服务的质量做出判断。但是要了解用于交通标志的反光漆材料或是用于工业机器人的减速机市场,分析师显然需要进行更多的研究。在细分市场中占据主导地位的专业化公司或许极富吸引力。此外,不属于常见研究板块、很少被分析师关注的公司(孤儿股),反倒有可能藏着新的机遇。

结构变化带来的第二甚至第三级衍生话题

很多人试图在结构变化中找到新的研究线索,但除此之外,分析师还需要分析结构变化带来的第二甚至第三级衍生话题。例如,一次性塑料始终是各方指责与攻击的对象。但如果从整个碳足迹与使用替代材料的角度看,讨论的焦点就会从"我们是否应该使用它?"转变为"其可回收性如何?"。

本地化趋势

有些仅在某个国家非常流行的产品或服务值得关注。它之所以会受到那个国家的广泛喜爱,肯定存在有说服力的理由。尽管那些产品或服务不太可能在短时间内受到其他国家的欢迎,但只要有足够的催化剂,就有可能进入其他国家。珍珠奶茶和短视频应用程序就是当下很有代表性的示例。

来自现实世界的信息

有的时候,从事资本市场活动的人会以特殊视角看待问题。通过GDP规模、资本市场规模及交易量等视角看待国家和公司,可能会发现某种趋势。这种方法肯定会让分析师有所收获,因为商机往往来自趋势。需要强调的是,在全球范围内,相当数量的人口与经济活动并不被全球主流资本市场活动所覆盖。

> **作者轶事**
>
> 参加世界经济论坛之类的会议让我大开眼界,也让我真切地体会到,从现实角度看到的世界与从金融业视角看到的世界并不相同。多年来,资本市场的最新热门话题始终是这些论坛的核心

焦点，包括清洁能源、植物性食品、教育科技、收入不平等、灾难恢复、基因组技术、数据隐私及网络安全等。对我们这些从事金融行业的人来说，非常有必要从"现实世界"获得营养。在过去一两年内，我惊讶地发现，氢能相关业务正在得到越来越多股市参与者的青睐。虽然这项技术已存在多年，但非欧洲国家加速执行的低碳政策，已促使各大上市公司开始关注这项技术，进而引发了股市的一波热潮。植物性食品或许可以使人们从另一个角度理解这个问题。如果国际社会开始关注渔业和畜牧业企业的碳排放问题，那么，原来从事鱼类及肉类业务的公司就有可能会被迫转向植物性食品。基于同样的逻辑，石油公司也需要投资可再生能源。正因为这样，我研究的第一家日本渔业公司或许不得不通过转向植物性蟹肉来开辟未来的生存之路。尽管植物性蟹肉的口感或许还不够完美，但只要有更多企业投入新产品的研发与生产，质量注定会迅速提高，这也是很多新产品所遵循的开发路径。

合理方式	不合理方式
寻找"紧迫性问题" ✓	✗ 拘泥于传统板块类别
寻找可解决实际问题的产品和服务 ✓	✗ 宁可坐等"大创意"从天而降，也不愿意关注"小故事"带来的启发
从日常沟通和轶事中寻找研究创意 ✓	✗ 误解结构变化产生的多米诺骨牌效应
通过现实世界中的问题调整研究思路 ✓	✗ 畏惧技术术语

资料来源：高盛全球投资研究部。

第九章

如何应对颠覆者、新兴市场、ESG 及经济衰退

除本书前几章讨论的关键研究流程之外,本章将试图解答关于公司分析的某些常见问题。

如何预测和评估"颠覆者"

数字化转型、基因组革命、脱碳及其他各种创新正在催生出越来越多的"颠覆者",它们几乎彻底改变了现有的行业格局,日渐成为市场的宠儿和主力军。这些颠覆者往往会表现出超高的收入增长,但由于早期资本支出、客户获取成本及研发成本的沉重负担,使得自由现金流长期处于低位甚至负数。以下内容可能与第六章关于高速增长行业的讨论略有重复,但本章讨论这个话题的目的是阐述日渐重要的细分市场。需要提醒分析师的是,对这类颠覆者进行预测和估值注定不会简单,即便

是最有经验的分析师，也不得不费一番周折。因此，这里讨论的要点是描述行业的最佳实践。

针对颠覆者的收益预测

原则上，分析颠覆者的方法与过程和分析其他公司大同小异。但由于和其他更成熟的行业相比，颠覆者的增长速度更快，变化也更显著，因此，本书前面探讨的很多基础研究过程显得更加重要。可以把这个过程看作驾驶赛车，与普通汽车相比，赛车的方向盘和踏板的灵敏度非常高，因此，哪怕只是驾驶员的一点点动作，也会导致汽车的行驶方式发生重大变化。对于这类公司，分析师应重点关注四个要点。

1. 自上而下的潜在市场规模预测

为反映未来的商机，分析师至少需要进行 10 年期的预测。计算潜在市场规模的关键点是采取自上而下的方式进行。颠覆者的业务往往会取代现有的产品或服务。如果在线零售业务对原有市场的渗透率从 5% 提高到 50%，那么，其潜在市场规模的份额会增加至过去的 10 倍。有的时候，分析师在历史增长趋势的基础上，按 20%~30% 的复合年增长率（CAGR）开始预测潜在市场规模，但使用这种方法可能会错过潜在的快速增长。要对某些市场做出在 10 年内增长 10 倍的预测，显然分析师需要有足够的勇气，但更重要的是，他们需要以扎实的研究为基础。

2. 市场份额预测

收益预测强调的是长期预测，而高增长企业的竞争动态在长期内必然会发生改变。因此，分析师需要更好地了解主要竞争对手的战略，并根据分析结论进行全面的市场份额预测，而不是不加分析地接受当前的市场份额。

3. 资产负债表和现金流

分析师需要确保资本支出、研发成本、客户获取成本和营运资金假设足以实现收入快速增长。详细讨论目标公司与可比公司的数据，使分析师了解实现既定收入增长假设所需要的投资数量。有些高增长公司有充足的营运资金为增长提供资金，而有些公司则会因为营运资金负担严重而举步维艰。

4. 利润率

高增长的颠覆者在投资阶段可能无法获得利润，但迟早会迎来现金净流入。因此，在预测期结束时，分析师需要对投资阶段结束后的利润率进行预测，以衡量公司的最终盈利能力。例如，为获得客户流量和相关数据，在线业务最初通常会亏损，因此，盈利预测的假设前提，就是这些客户群和数据未来将会给公司带来可观利润。在公司将来自客户群的数据转换为收入并将收入纳入盈利模型时，分析师应对潜在的利润率予以量化。

如何看到颠覆者的估值

1. DCF

DCF 估值法有很多缺陷。但是在对颠覆者进行估值时，DCF 无疑是最合适的方法，因为很多公司的收入增长非常迅速，但在短期内几乎没有盈利能力。为缓解 DCF 被视为黑匣子的弊端，分析师可以放眼更广泛的行业背景，选择具有相似业务动态的可比公司，并以此为基础，采取与它们相对一致的建模假设。如第六章所述，在 DCF 模型中，10%～12% 的折现率和 1%～3% 的期末增长率（永续增长率）属于常见的假设，具体取值依赖于目标公司的风险及增长状态。此外，作为交叉检查的方式，分析师还要查看按 10 年未来每股收益（EPS）乘以可比行业平均市盈率得到的估值。显然，没有人能准确预测公司在未来 10 年的收益（或是其他任何事情），不过，我们的目标只是将处于本阶段的目标公司的全部信息予以量化，以便在尽职基础上得到公司近似的内在价值。

2. 情景分析

考虑到未来预测模型中各种假设的不确定性，分析师应充分考虑估值的区间性。比如说，分析师可以根据关键变量可能存在的不同情境给出 3～4 个估值结论。然后，将当前股价与估值范围进行比较，衡量当前股价的折价程度。如果基准情境的估值与当前市场价值存在显著差异，那么，分析师就应思考为什么会出现这种情况。在一家公司的股价表现异常"火爆"时，分析师应学会克制，冷静面对热点股票的诱惑——以更高的估值倍数判断当前市场估值是否虚高，而不是固执地坚持所谓的公允价值。

3. 持续跟踪

颠覆者的经营环境可能会迅速改变。一旦分析师发现行业或公司出现新动向，就应在长期预测中体现这些变动。

如何看待新兴市场

要找到有吸引力的成长型公司，新兴市场当然是绝佳选择。但是从发达市场的角度去看待新兴市场公司，往往会出现误解。新兴市场的成员形形色色，贫富差距巨大，因此很难一概而论，但分析师需要关注某些共性特征。在这里，我们重点讨论新兴市场企业的五个基本特征。

1. 术语

对于新兴国家，提到以英语命名的某种产品或服务时，在不同国家可能对应于完全不同的产品或服务。例如，在几年前的中国，人们在提到"酸奶"这个词的时候，通常是指带有酸奶味道的甜品饮料，它们可以在室温下保存，而且含糖量高于很多可乐产品。因此，如果有分析师声称，中国酸奶市场会因健康意识的提高而快速增长，这种说法显然值得怀疑。在几年前的印度，被当地人称为"保险"的产品实际上是指期限非常短的理财产品。因此，明确定义产品或服务的术语，避免定位混淆非常重要。

2. 发展速度是这个市场的代名词

在分析新兴市场行业的长期愿景时，人们经常会直接引用来自发达国家的经验。但事实并非一贯如此，由于后发优势和技术快速进步等因素，新兴国家的进步可能会更快。电子商务的采纳曲线、健康食品的流行以及无现金支付方式，都可以说明这个问题。

3. 缺乏明显的凝聚力战略

在审视新兴市场公司的商业模式时，人们经常会发现，缺乏明确的发展战略是这些公司的通病。有些公司最初会涉足四、五项不同的新业务，有的公司每隔三年就会更换核心业务，有的公司则在远离核心领域的领域开展收购。这些案例最初可能会让分析师感到困惑，即便上市公司也是如此。但是在进一步了解这些公司之后，分析师很可能会发现，尽管缺乏始终如一的战略，但随着时间的推移，很多公司依旧取得了非凡的业绩。在很多新兴市场国家，市场发展迅速，竞争激烈且资金充沛。因此，企业只需要快速前进，便有可能抓住巨大的成长机遇。

4. 新兴市场之间的比较

全球比较是实现高质量公司分析的关键，在研究新兴市场公司时尤为重要。在新兴市场国家，很多市场的规模相对较小，上市公司数量有限，某些行业往往只有一、两家。要从多个维度分析这些公司，就需要将它们与其他新兴市场国家的同类可比公司进行比较。例如，在全球范围内比较食品配送企业的商业模式和竞争格局，可以为分析师提供非常有价值的信息，因为每个国家的行业结构都不尽相同。

5. 政府补贴

在一些国家，政府会以现金补助、税收抵免、投资减免税以及研发减免税等方式为其扶植的行业提供财政补贴。在某些情况下，政府补贴可能会在很多年内成为公司盈利的主要部分。针对是否需要对补贴利润部分给予折价，至今尚无明确定论。但分析师至少应了解政府为什么会向公司提供补贴，以及补贴在未来的可持续性。

如何考虑 ESG 问题

过去几年，投资界对环境、社会和公司治理（ESG）问题的关注愈演愈烈，因此，在不考虑 ESG 问题的情况下片面地谈论公司分析，已变得越来越不切实际。至于如何把 ESG 问题纳入到公司分析当中，目前存在很大的分歧。在接下来的部分中，我们将讨论有助于分析师对这个重要话题形成结论的五个方面。

1. 定义

ESG 最令人困惑的方面就是定义。如果让十名金融专业人士给出对 ESG 的定义,很可能会有十种不同的答案。但这个话题的重点,基本局限于二氧化碳排放、公司治理、循环经济和员工福利等几个热门关注点。有些人可能把它视为排除烟草和煤炭等负面因素的过程,而有些人则把它视为提高企业管理质量的一种理念。当然,这些观点都没有错,但为避免混淆,在会议、演示或研究报告中讨论这个话题之前,分析师应对即将讨论的具体 ESG 事项予以澄清。

2. ESG 数据

ESG 数据为分析师在公司层面讨论 ESG 事务提供了客观基础。但分析师需要充分认识到,由于公司披露不完整以及个人数据缺乏标准化定义等原因,大部分 ESG 数据仍处于发展初期。很多与公司治理相关的数据实际上只是政策声明,而非定量数据。因此,在当前环境下,过分依赖这些数据对公司 ESG 事务的整体质量做出判断显然不妥。但如果分析师对目标公司的主观判断与 ESG 的相对评分之间存在差异,那么,探究造成差异的原因或许会令分析师有意外发现。在过去几年里,企业、投资者和监管机构已在 ESG 数据领域投入了大量资源,行业的加速成长很可能由此起步。这一点对新一代分析师而言尤为重要,考虑到他们的分析师职业生涯还很长,因此,他们更应非常认真对待这个领域,并投入足够的时间和精力去理解和跟踪这一趋势。

3. 企业社会责任

考虑到私营公司的主要目标就是实现自身利润最大化,因此,这些公司应承担多少社会责任，始终是一个没有明确答案的争议话题。就总体而言，社会似乎希望企业承担更多的责任，希望它们为所在国家或地区创造更多的社会福利。在消费必需品和服装等行业，关于一次性塑料使用量及材料回收等ESG问题已直接影响到企业的品牌形象，而且对年轻消费者的影响尤其大。

4. 商机

尽管ESG问题可能会给某些公司造成短期成本负担，但却可以带来有吸引力的长期商业机会。氢技术、碳捕获技术、循环再利用业务、符合平等就业法规的软件、肉类替代产品、农业技术、可生物降解材料以及电弧炉等新兴业务的商业可行性或将成为现实。尽管这些技术已出现很久，但随着监管规定趋于严格以及消费者行为的变化，在接下来的几年这些企业的经营规模与盈利能力可能会大幅提振。

5. ESG估值

分析师是否应根据针对ESG采用的方法为估值倍数给予溢价或折价，是另一个极富争议的话题。对于明显需要接受ESG审查的业务（例如煤矿和烟草制造商），分析师可以明确地把税收增加和需求下降视为长期性盈利压力。但是，对于产品循环再利用率（recycling rate）非常高或是拥有最佳实践治理结构的目标公司，是否应在正常估值基础上给予溢价尚无定论。在实务中最简单的方案是，在合理分析的基础上，可以把这些定性因素转化为公司未来收益流的增量，这就相当于为目标公司的短期收益倍数赋予一定溢价。但是从长期来看，随着ESG数据质量的改善，分析师可以根据公司的具体ESG合规执行情况进行估值调整。

> **作者轶事**
>
> 最近，我出席了一场由全球主要消费品公司高管举办的研讨会。这次会议讨论的重点是：①可持续性问题在公司当前业务中的重要性；②尽管大多数消费者认可可持续发展的重要性，但并不想为此付费，因此，企业需要通过合作创新缓解可持续发展带来的成本上涨；③鉴于可持续性问题的影响范围广泛，公司需要为最大程度发挥可持续发展的积极影响而确定优先事务。这些大公司高管人员对可持续发展问题的详细解读和积极投入给我留下了深刻印象。当然，这场研讨会也让我开始思考，分析师应如何在研究和估值实务中体现目标公司在这方面的投入，毕竟，这个方面相对模糊而且难以量化。15年前，我曾对三家复印机公司发表过研究报告，其中一家公司在产品循环再利用方面远远领先于其他两家公司。但是在当时，很少有投资者或分析师对循环再利用工作给予充分重视，我也不例外。实际上，目前的复印机客户是否关注这种差异依旧不得而知。

不过，从那时起，人们对可持续发展这个概念的认识已发生了显著变化。因此，分析师非常有必要关注目标公司在这方面的投入会如何影响其未来市场份额的增长。客户获取成本的大幅增长、更高的研发费用或持续增长的资本支出，显然会带来短期盈利的下降，进而体现为股价的暂时性下跌，这其实已不是新概念。因此，一旦为可持续发展做出的投入为公司财务带来积极的长期性影响，进而体现在股价中，那么，目标公司就有可能实现估值溢价。投资者甚至可以通过积极的参与来推动公司在可持续发展方面的努力。有趣的是，即便是成熟的大型跨国消费品公司，也无法完全依靠自己解决可持续性问题。因此，支持再利用活动的技术或服务，暗藏着巨大商机。

如何应对经济下滑

每隔几年，分析师就会面对严重的经济衰退。在发生这种情况时，证券分析师需要考虑的第一件事，就是及时大幅下调盈利预测，以便于让盈利预测与经济现实保持一致。当然，分析师总是喜欢在下调数字之前得到确凿的数据，但是在面对突如其来的经济冲击时，只能根据自上而下的分析，依照主观判断调整数值。此时，他们需要考虑的不仅是重大影响，还有诸多次要影响，譬如经济形势变化可能导致的一系列连锁反应——销量、产品定价、库存水平、营运资金、融资成本、资本支出、投入成本以及消费等变化。

虽然经济仍在衰退，但分析师却不得不面对两难境地：尽管需要继续下调盈利预测，但在没有对宏观数据及相关行业预测做出明确假设的前提下，无法确定下调幅度。在这种情况下，对于分析师而言有效的分析工具是采用"硬着陆情景"。首先，研究负责人将整个项目设定在悲观但现实的宏观假设背景下，其次，行业分析师基于这些情景对目标公司进行最悲观的盈利预测，但所有预测均以完全一致的宏观情景假设为基础。由于这些预测基于情景设定，而非正式性盈利预测，因此，分析师基本不会给出过于大胆的数字。最后，在综合考虑宏观情景和周期中潜在收益低点（针对悲观情景的盈利预测）的情况下，分析师即可确定针对当前市场水平的折价率。

分析师面对的另一个挑战就是预测经济复苏的影响。在经济深度衰退的情况下，复苏往往也会异常迅猛。分析师，尤其是从事周期性业务研究的分析师，应在周期拐点到来之后及时调整思路，将预测背景从衰退迅速调整为复苏，并在此基础上考虑盈利复苏。针对这种环境下出现的盈利波动——无论是上行还是下行——经营杠杆分析都非常重要。

合理方式	不合理方式
更大胆地采用自上而下式方法，合理预测"颠覆者"的收入 ✔	✘ 不加判断地完全接受颠覆者的当前市场估值
在讨论 ESG 事务时，应事先明确讨论的范围 ✔	✘ 始终预期新兴市场公司将拥有凝聚力战略
在经济出现不景气迹象时，应及时大幅下调收益预测 ✔	✘ 假设某个英语术语在不同国家或地区具有相同含义

资料来源：高盛全球投资研究部。

第十章
运用软技能为分析赋能

如何与公司建立关系

在证券分析师的工作中,有一个需要考虑的重要因素,就是他们与公司及其他行业联系人的关系。分析师可以通过很多方式创建强大的行业关系网,这里着重探讨其中的三个方面。其实,这些也是日常生活中的基本常识,因而适用于任何人际关系。

1. 相互信任

作为研究过程的一部分,分析师有时需要对目标公司发表负面评论。分析师偶尔也会在分析中犯错。因此,为赢得公司的信任,最重要的一点就是让已经完成的分析工作完全透明,在所有问题上开诚布公,同时,在面对困难时与目标公司管理层保持密切沟通。当公司处于弱势地位时，这种沟通与分享尤为重要。分析师不能只强调目标公司的处境有多困难，还应充分探讨扭转颓势的潜在途径，这对公司和投资者都是有益的分析。

2. 互惠互利

在与目标公司或联系人进行的访谈中，如果分析师只是一味地提问，那么，这种关系就不太可能长久维持。成功的分析师往往会做到给予多于索取，投入多于收获，充分地与目标公司或联系人分享成果。在这种情况下，联系人自然渴望与分析师进行沟通与讨论。事实上，分析师可以为目标公司提供很多非常有价值的洞见，譬如，在投资者反馈、高端行业观点、来自其他行业的观察以及与行业相关的宏观思维等方面，分析师都可以发挥自身优势。如果分析师想要在研究范围之外建立行业专家网络，这种"给予和接受"关系便显得尤为重要。

3. 既要有热情，还要有准备

那些在各自领域内业绩突出的分析师，往往对他们所研究的行业充满热情与期待。如果分析师对目标公司的业务、产品、服务或技术展现出真正的兴趣，那么，目标公司自然会投桃报李，以开放思维拥抱分析师。但要表现出必要的热情和尊重，显然分析师需要做大量的事先准备工作。如果拜访的对象是工程师或是科研人员，事先做足准备尤其重要，因为只有在掌握基本知识的情况下，分析师才能更好地收集信息。在与目标公司高管会面时，分析师可以首先提出与专业领域相关的问题。比如说，如果接受拜访的CEO有营销背景，那么，分析师可以从公司启动的新营销活动谈起，而不是直接深挖新产品技术细节。了解公司过去取得成功的案例，可以帮助分析师展开更长时间、更有实质性内容的对话，从中发掘更多有关企业文化的洞见。

如何利用团队力量

本书的很多章节均提到了团队协作的价值。本节，我们将探讨分析师如何充分利用同行专家的知识和专业提出建议。

1. 分享问题

这个建议的出发点，是尽可能与他人共享信息。与公司关系类似，这同样应该是一种"给予和接受"的关系。与他人分享信息，会让分析师得到额外的收获。在参加公司会议之后，将会议信息与相关分析师进行分享，既是一种很有趣的体验，也是一种值得提倡的工作方法。在计划与目标公司联系人会面之前，充分征求团队成员的意见将有助于提高沟通的效率。比如说，在与欧洲顶级电信设备公司的 5G 业务负责人会面前（这个机会很难得），分析师应该向研究电信及电信设备的全球业务分析师征求建议，对计划提出的问题做好规划。在结束拜访之后，应与相关分析师共享会议记录。这样，分析师不仅可以提高调查问卷的质量，还可以增加整个团队对 5G 业务的了解，并进一步增强团队精神。这貌似小事，但实则会产生积极的影响，尤其是在每个团队成员都养成这种习惯之后，会让分析任务达到事半功倍的效果。

2. 组建临时性跨专业团队

很多行业的主题很复杂，以至于单个分析师乃至整个团队都无法承担。在研究这些主题时，有一种可取的策略是组建一个小型的跨专业临时小组，以应急方式解决问题。把研究主题当作独立项目处理是一种有效的方法。比如说，在对旅游消费进行深入研究时，主要分析师应成立一个临时小组，与欧洲奢侈品分析师、中国香港房地产投资信托基金分析师（涵盖高端商场的分析师）、韩国化妆品分析师以及中国航空企业分析师共同讨论这个主题。尽管这是一种联合工作模式，但牵头分析师还是要充分做好准备，承担起项目的大部分工作。此外，分享项目成功的荣誉，将是未来合作不断取得成功的关键。

3. 休闲式聊天

大多数分析师往往倾向于关注某个领域，因此，与来自不同领域的分析师定期举行论坛，以轻松惬意的方式分享各自的见闻和体会，自然有助于分析师开拓眼界，开阔思维。例如，在通胀压力已渗透全部经济活动的时候，了解不同行业专业分析师是否同时发现价格上涨的早期迹象，对判断通胀趋势和价格走势至关重要。在这些非任务性对话中，分析师可能会获得第一章所讨论的模式识别。

4. 辩论

共享信息是一种双赢行为，而且会有立竿见影的效果。但分析师有时也需要在辩论的基础上，做出某些艰难的决定。比如说，在确定哪些公司会在未来五年内获得或失去市场份额时，两位分析师的观点相互对立，要解决这个问题并不容易。尽管过程很痛苦，但这样的辩论不可回避，因为问题不辩不清，辩论最终会带来更多有价值的洞见。团队成员共享的信息越多，关系就越紧密，这种辩论的成果就越显著。

5. 联合推介

向其他分析师学习的最佳时机就是在机构外部举办的联合推介活动。在面对客户的时候，每个分析师都会付出120%的努力，这种刺激的环境有助于催生更有创造性的想法。

如何有效地进行分析演示

虽然这显然不属于公司分析流程的构成要素，但只有通过有效的展示，才能形成出色的分析。如果分析师要在短短几分钟内完成有影响力的演示，我推荐采用以下六项技巧。

1. 结论优先

在时间极其宝贵的金融业，分析师演示时应先说明结论后按顺序阐述关键点一、二、三等。在问答环节，分析师应始终坚持用最简洁明了的方式进行答复，譬如"是""不是"或是直接给出具体数字。在很多情况下，分析师完全无须以冗长的解释去说明为什么答案为"是"。

2. 提供背景

告诉人们这个话题为什么很重要，为什么现在需要谈论这个话题，这本身就是分析的一部分。但分析师却经常忽略这一点，因为他们已深入到这个主题当中，而且展现出无法阻挡的浓厚兴趣，所以他们会理所当然地认为，其他人也会自然而然地理解这个话题，而且肯定会产生足够的兴趣。但其他人在深入了解所有细节之前，显然希望知道自己为什么需要了解这个主题。

3. 了解受众

这与研究的背景有关。在发言之前，分析师需要了解听众对相关主题的知识的掌握情况，以及与之相关的兴趣领域，并根据这些需求调整自己的观点。

4. 利用个别关键数字

数字是传达信息的有力工具。在简短的演示中，可以使用2~3个关键性数字，既有利于夯实观点，又便于听众记住这些数字。听众不记得的数字，自然也没什么效力。

5. 与市场共识的差异

正如第六章所述，分析师必须明确阐述研究观点与市场共识的不同之处，以及造成差异的原因何在，这一点非常重要。如果他们的观点与市场共识保持一致，那么，分析师就应该质疑自己的推介是否还有意义。

6. 仔细倾听

分析师应认真倾听对方提出的所有问题，尽可能充分理解这些问题的具体含义。回避问题只会让听众感到沮丧。效果良好的问答环节往往比推介活动本身的质量更有吸引力。

7. 思维链条

在互动会议过程中，演讲者需要尊重听众的"思维链条"。每个观众都有自己理解新观点的次序和节奏。一旦听众开始提问，分析师就应该遵循他们的逻辑，而不是按自己的逻辑来回答问题。

初级分析师需要获得哪些类型的培训

除自学和经验之外，初级分析师需要进一步培训才能达到更高级分析师的水平。分析师的学习不能是被动地坐享其成，而是应主动向上司了解培训计划。那么,怎样的培训最有利于初级分析师成长呢?

1. 深度的潜水式研究

我强烈建议分析师选择一家目标公司,对其进行高度深入的潜水式研究。如果没有给定项目的具体截止日期,分析师应最大程度测试自己的智力极限。如果按照第一章到第六章中给出的建议来操作,分析师完全可以对公司获得全面了解。但负责人也需要对初级分析师的工作进行全面的定期性检查和指导,确保这些建议可以落实到具体工作中,因此,他们的合作至关重要。在第一个重大研究项目上达到的质量和深度,将在一定程度上决定这个分析师未来的研究风格。

2. 同事演说

初级分析师小组可以定期进行业务聚会,介绍各自正在研究的材料,并互相提问。这会让那些善于在给予和接受中寻找灵感的人收益颇丰。分析师需要对自己研究的主题有深入了解,因为只有这样,才能让非专业人士了解自己的想法。在聆听其他分析师的演说时,听者也会厘清自己的逻辑,找到分析的陷阱。作为同事,分析师在互动与反馈中应做到坦诚相待,开诚布公,不该因为担心受到质疑或评判而有所保留。

3. 批判性思维练习

初级分析师应主动参与小组讨论。通过这些以小组形式进行的练习,分析师可以练习进行深入探讨及批判性思考的能力,具体可以由3~4名初级分析师组成小组,对简单的宏观主题展开讨论,譬如"写字楼市场在后新冠疫情时代会发生哪些变化。"经过几个小时的讨论和事实调查后,他们需要向更多的同事介绍针对该主题调查得到的结论。在演示中,高级分析师既可以担任主持人,也可以扮演质疑者的角色。对刚入门的分析师来说，最大的挑战在于如何从这些非常简单的话题中找到原创性观点，以及如何得出全面理性的结论。对分析师来说，这种批判性思维练习带来的最大收获，就是学会对观点不断地进行质疑和挖掘，直到无法继续深入。这种练习并不需要频繁进行，因为这些能力完全可以来自于工作实践。但偶尔通过集中训练，为大脑提供一个刷新和补充的机会，显然有助于初级分析师更快地成长。

> **作者轶事**
>
> Python 培训：我永远不会掩饰自己对计算机编程的一无所知。但考虑到研究过程中需要处理的数据量越来越多，因此，对于初级分析师，我还是建议他们熟练掌握 Python 之类的编程语言及其他软件技巧，以便于更有效地进行数据处理。我至今还记得第一位上司拒绝使用电子表格软件的情景，当时，他在一张纸上完成了建模任务。

时间管理

时间管理是所有分析师都要面对的最棘手问题之一。对正在学习如何开展工作而对流程的掌握能力远不及高级分析师的初级分析师来说，时间管理尤为困难。虽然没有简单的解决方案，但讨论如下四个问题会有助于我们解决这个问题。

1. 制定时间表

在接到项目后，分析师最好制定一张以周为单位的时间进度表。作为分析师，通常需要频繁出差和开会，因此，详细的日程安排及监控非常重要。由于分析师经常需要同时处理多个任务，因此，分析师必须提前安排好任务进度，适当调整计划。每天早上的第一项任务，就是花五分钟的时间看看日历和事项进度表，想想当天需要优先完成的工作，然后再去看电子邮件和新闻。

2. 对管理者的管理

初级分析师同样需要适当"管理"他们的管理者。他们需要就截止日期的设定、最终产品的质量、潜在工作量以及不同任务的优先等级，与管理者达成一致。如果工作量太大，分析师需要讨论可以从日常工作中削减哪些内容，以便于腾出时间应对优先任务。在下达任务的时候，管理者可能并未充分考虑分析师的精力和能力，而且发现问题并提出解决方案本身就是集体责任。为确保任务顺利进行，分析师必须主动、及时地向管理者及其他利益相关者通报项目的最新进展。

3. 研究需要时间

新入门的分析师必须认识到，研究需要时间，任何做过深入研究工作的人都知道这个道理。一项可以高效快速完成的任务，最多只一个信息处理任务，不是真正的研究。与科学研究一样，真正深入细致的公司研究，同样需要大量的假设检验，需要时间去思考和整理。因此，分析师需要学会把创造性思考作为日常工作的一个基本组成部分。分析师应该学会如何高效、准确地做好信息处理工作。

4. 质量与深度优先

如果需要在速度和数量与深度和质量之间进行取舍，初级分析师应选择后者。分析师的研究方法和风格很可能在最初几年便已经定型，随着经验的积累,变化的是能力与深度,而不是方法与风格。由于分析师工作竞争激烈,因此,质量平庸的研究工作必然会遭到市场的淘汰。

合理方式		不合理方式
必须以互惠互利的方式创建行业关系网	✔	✘ 对管理者没有管理
务必以"结论"作为展示的开端	✔	✘ 进行"难以接受"的研究
鼓励健康务实的辩论——观点的多样性会让研究更丰满	✔	✘ 以质量换取速度
组建临时项目团队,应对更有趣的新鲜主题	✔	✘ 坐享其成——被动等待培训的机会

资料来源:高盛全球投资研究部。

第五部分

回顾与总结

如何"预测"一家公司的未来：汇总各章关键要点的十大"合理方式"与"不合理方式"

合理方式	不合理方式
走出去，进行实地调查 ✓	✗ 急于锁定模式——应先打好基础
关注历史信息 ✓	✗ 线性思维——分析师需要了解变化
合理定义潜在市场规模 ✓	✗ 误解现有企业对变化的拒绝态度
学习使用模式识别技术 ✓	✗ 忽略文化和地区的细微差别
了解收入驱动因素 ✓	✗ 模型和故事不相匹配
识别竞争护城河 ✓	✗ 不带批判性地看待市场倍数——分析师需要有自己的看法
了解经营杠杆和现金转换率 ✓	✗ 误解结构变化带来的多米诺骨牌效应
通过情景分析了解公司的风险收益特征 ✓	✗ 不加思考地使用 PEG 和 EV/销售等估值方法
明确阐述自己的与众不同之处 ✓	✗ 不加判断地使用市场预期的收益数字
以真实世界的问题为基准进行自调整 ✓	✗ 为了"审慎"而放弃自己的观点

资料来源：高盛全球投资研究部。

结 束 语

A：问问自己。伟大的研究为什么始于好的问题

B：大胆一点。如果没有数字作支撑，再好的研究也会变得空洞无物

C：勇于创新。敢于质疑现状，发挥想象力，接受非线性变化

D：建立关联。善于发现模式，识别趋势

E：享受生活。公司分析是一个神奇又充满魅力的过程，学会享受创新产品、创新技术和成功者故事带来的兴奋

资料来源：高盛全球投资研究部。

作者简介

堀江信（Shin Horie）拥有33年的股票研究工作经验。他曾担任高盛集团全球股票研究联席主管。在此之前，堀江信是一名专门研究半导体的技术分析师。此外，他还曾管理亚洲科技股部门。在加入高盛之前，堀江信曾在野村证券负责研究中国香港的H股和日本的资本品业务。堀江信拥有早稻田大学法学学士学位和芝加哥大学MBA学位。他喜欢旅行，会讲汉语和西班牙语。

致 谢

本书全面概述了公司分析所涉及的模型、方法论、框架、技巧以及分析师可能面对的诸多陷阱。本书的全部内容均来自我自20世纪80年代从事证券分析工作以来积累的经验和体会。本书内容包括我与目标公司管理层、行业专家、投资者及同行分析师进行的无数次现场对话，感谢他们在思想上给予我的激励和启迪，这些激励与教导体现在本书的每一个章节和每一个话题当中。此外，我还要感谢金融业的同行，很多人在百忙之中阅读了与各自专业领域相关的章节内容，并毫无保留地提出意见和建议，他们是：Pippa Vizzone、Joy Nguyen、Kash Rangan、Amit Hazan、Julie Chou 和 Rukhshad Shroff。此外，我还要感谢 Brian Rooney、Juliet Mackinlay 和 Juhi Malik 等人协助我完成本书。最后，我要感谢 Madhav Rajan 对本书初稿的全面审阅和宝贵建议。

金多多金融投资译丛

序号	中文书名	英文书名	作者	定价	出版时间
1	公司估值（原书第2版）	The Financial Times Guide to Corporate Valuation (2nd Edition)	David Frykman, Jakob Tolleiyd	59.00	2017年10月
2	并购、剥离与资产重组：投资银行和私募股权实践指南	Mergers, Acquisitions, Divestitures, and Other Restructurings	Paul Pignataro	69.00	2018年1月
3	杠杆收购：投资银行和私募股权实践指南	Leveraged Buyouts, + Website: A Practical Guide to Investment Banking and Private Equity	Paul Pignataro	79.00	2018年4月
4	财务模型：公司估值、兼并与收购、项目融资	Corporate and Project Finance Modeling: Theory and Practice	Edward Bodmer	109.00	2018年3月
5	私募帝国：全球PE巨头统治世界的真相（经典版）	The New Tycoons: Inside the Trillion Dollar Private Equity Industry that Owns Everything	Jason Kelly	69.90	2018年6月
6	证券分析师实践指南（经典版）	Best Practices for Equity Research Analysts: Essentials for Buy-Side and Sell-Side Analysts	James J. Valentine	79.00	2018年6月
7	证券分析师进阶指南	Pitch the Perfect Investment: The Essential Guide to Winning on Wall Street	Paul D. Sonkin, Paul Johnson	139.00	2018年9月
8	天使投资实录	Starup Wealth: How the Best Angel Investors Make Money in Startups	Josh Maher	69.00	2020年5月
9	财务建模：设计、构建及应用的完整指南（原书第3版）	Building Financial Models	John S. Tjia	89.00	2019年12月
10	7个财务模型：写给分析师、投资者和金融专业人士	7 Financial Models for Analysts, Investors and Finance Professionals	Paul Lower	69.00	2020年5月
11	财务模型实践指南（原书第3版）	Using Excel for Business and Financial Modeling	Danielle Stein Fairhurst	99.00	2020年5月
12	风险投资交易：创业融资及条款清单大揭秘（原书第4版）	Venture Deals: Be Smarter than Your Lawyer and Venture Capitalist, 4th Edition	Brad Feld, Jason Mendelson	79.00	2020年8月

(续)

序号	中文书名	英文书名	作者	定价	出版时间
13	资本的秩序	The Dao of Capital: Austrian Investing in a Distorted World	Mark Spitznagel	99.00	2020年12月
14	公司金融：金融工具、财务政策和估值方法的案例实践（原书第2版）	Lessons in Corporate Finance: A Case Studies Approach to Financial Tools, Financial Policies, and Valuation	Paul Asquith, Lawrence A. Weiss	119.00	2021年10月
15	投资银行：估值、杠杆收购、兼并与收购、IPO（原书第3版）	Investment Banking: Valuation, LBOs, M&A, and IPOs, 3rd Edition	Joshua Rosenbaum Joshua Pearl	199.00	2022年8月
16	亚洲财务黑洞（珍藏版）	Asian Financial Statement Analysis: Detecting Financial Irregularities	ChinHwee Tan, Thomas R. Robinson	88.00	2022年9月
17	投行人生：摩根士丹利副主席的40年职业洞见（珍藏版）	Unequaled: Tips for Building a Successful Career through Emotional Intelligence	James A. Runde	68.00	2022年9月
18	并购之王：投行老狐狸深度披露企业并购内幕（珍藏版）	Mergers & Acquisitions: An Insider's Guide to the Purchase and Sale of Middle Market Business Interests	Dennis J. Roberts	99.00	2022年9月
19	投资银行练习手册（原书第2版）	Investment Banking: Workbook, 2nd Edition	Joshua Rosenbaum Joshua Pearl	89.00	2023年8月
20	泡沫逃生：技术进步与科技投资简史（原书第2版）	Engines That Move Markets: Technology Investing from Railroads to the Internet and Beyond, 2nd Edition	Alisdair Nairn	199.00	2023年9月
21	证券分析师生存指南	Survival Kit for an Equity Analyst: The Essentials You Must Know	Shin Horie	79.00	2023年9月
22	财务模型与估值：投行与私募股权实践指南（原书第2版）	Financial Modeling and Valuation: A Practical Guide to Investment Banking and Private Equity, 2nd Edition	Paul Pignataro	99.00	2023年10月